W0407162

Die ägyptischen Obelisken sind die ältesten Kulturdenkmäler, die Rom aufzuweisen hat. Als sich die ersten Siedler auf dem Palatin niederließen, als noch niemand an Romulus und Remus dachte und auch die etruskische Wölfin noch nicht in Sicht war, blickten sie im Land der Pharaonen bereits auf 2000 Jahre stolze Kulturgeschichte zurück.

Ehemals Weihegaben der Pharaonen an Gott Amun Re, Symbole ewigen Lebens, »der Sonne zum Geschenk gemacht«, kamen sie als Zeichen stolzer Siege nach Rom. Doch als das antike Rom aufhörte zu existieren, sanken auch die einstmals stolzen Zeichen des Sieges in den Schutt. Tausend Jahre später aber waren sie wieder da. Die Päpste der Renaissance und des Barock ließen sie mit großem Aufwand wieder ausgraben, denn bei der Neuordnung Roms sollten sie nicht fehlen. Man errichtete sie vor den größten Kirchen, stellte sie auf die schönsten Plätze und schmückte mit ihnen die imposantesten Brunnen. Die meisten gerieten so ins Rampenlicht, andere halten sich wiederum im Hintergrund versteckt und wissen doch nicht minder zu erzählen. Alle haben sie ihre Geschichte, und ihre Geschichte wird hier erzählt – unterhaltend und mit unaufdringlichem Sachverstand. Dieses Buch versucht Fäden zu knüpfen, Verbindungen aufzuzeigen, Zusammenhänge herzustellen von Zeugen einer Kultur, die doppelt so alt ist wie die, die wir gewohnt sind zu bewundern.

Ernst Batta, Rom-Liebhaber und -Kenner, lebt in der Nähe von Köln und arbeitet seit vielen Jahren als Autor und Regisseur für das Fernsehen. Für seine Filmarbeit wurde er vielfach ausgezeichnet.
Die meisten seiner Filme, für die er zum großen Teil die Drehbücher schrieb, befassen sich mit Themen aus dem Bereich der Kunst und Kultur.

insel taschenbuch 765

Batta

Obelisken

palmi 64

ERNST BATTA

OBELISKEN

ÄGYPTISCHE OBELISKEN UND IHRE GESCHICHTE IN ROM

INSEL

insel taschenbuch 765
Erste Auflage 1986
Originalausgabe
© Insel Verlag Frankfurt am Main 1986
Alle Rechte vorbehalten
Abbildungsnachweis am Schluß des Bandes
Vertrieb durch den Suhrkamp Taschenbuch Verlag
Umschlag nach Entwürfen von Willy Fleckhaus
Typografie: Michael Hagemann, Frankfurt am Main
Satz: Weihrauch, Würzburg
Druck: Nomos Verlagsgesellschaft, Baden-Baden
Printed in Germany

1 2 3 4 5 6 – 91 90 89 88 87 86

INHALT

VORWORT

In der Fülle der gängigen Rom-Literatur finden die ägyptischen Obelisken nur wenig Beachtung. Für gewöhnlich werden sie mit ein paar wenigen, kaum aufschlußreichen Bemerkungen abgetan. Das aber haben sie nicht verdient. Schließlich stehen sie im vielfältigen Nebeneinander der Kulturen und Stilepochen, in diesem »Abgrund von Kunst«, wie Goethe einmal das Übermaß an Kulturdenkmälern in Rom bezeichnete, an erster Stelle, sie sind die ältesten der historischen Monumente in dieser Stadt.

Heute gehören sie zum römischen Alltag wie das Kolosseum, die Peterskirche oder etwa das Denkmal des Viktor Emanuel. Die Römer lieben sie, auch wenn ihnen gelegentlich nachgesagt wird, sie liebten nichts in ihrer Stadt. Als im Herbst 1983 auf der Piazza del Popolo der Blitz in den Obelisken des Sethos einschlug und dabei erheblichen Schaden anrichtete, hat dies ganz Rom beschäftigt. An den Tagen darauf kamen die Römer in Scharen auf die Piazza, um sich diese Art von nationalem Unglück anzusehen.

Und doch geben sich die Obelisken nach all der Zeit auch immer noch ein wenig fremd. Noch immer geht etwas Geheimnisvolles von ihnen aus, von ihren rätselhaften Hieroglyphen, die inmitten der römischen Geschäftigkeit und des tosenden Verkehrs vom Land am Nil erzählen, von diesem »sonderbaren und einmalig bedingten Land, das in der Welt seinesgleichen nicht hatte«.

Der Zusammenstoß Roms mit Ägypten ist ein farbiges Stück Geschichte. Man erinnere sich: In der Schlacht bei Actium hatte im Jahre 31 v. Chr. Augustus über Kleopatra und Antonius gesiegt, es war die letzte, die allesentscheidende Schlacht. Ägypten wurde römische Kolonie und sollte es über vierhundert Jahre lang bleiben.

Doch hatte man hierzulande hinreichend Erfahrung mit Besetzern: Zuvor waren es die Perser und Griechen, die Ägypten heimgesucht hatten – Alexander der Große ließ sich in Memphis zum Pharao krönen und von den Orakelpriestern als Gott Amun feiern –, nach den Römern sollten es die Araber sein, die Türken, die

Engländer und die Franzosen. Ägypten war ein immerwährend besetztes Land. Verflucht von den alten Propheten als »überaus wollüstig«, fanden sich zu allen Zeiten zahlreiche Liebhaber ein.

Als Caesar nach Ägypten kam, standen hier noch zwei der Sieben Weltwunder – der Leuchtturm der Insel Pharos und die große Pyramide von Gizeh, die man für die Kornkammer des biblischen Joseph hielt, gebaut von den Kindern Israels für die sieben mageren Jahre. Die Geschichte kennt die romantische Liaison zwischen Caesar und Kleopatra. Als ihr Herz später für Marcus Antonius entflammte, war bereits die wunderbare Bibliothek in Alexandrien abgebrannt, die Römer hatten, respektlos wie sie waren, das »gesamte Wissen der damaligen Welt« vernichtet, wie die Geschichtsschreiber konstatierten. Siebenhunderttausend Bücher bzw. Schriftrollen waren den Flammen zum Opfer gefallen.

In Rom stand man der alten Kultur Ägyptens, die etwa dreitausend Jahre zurückreichte und der Europa so wichtige Dinge wie Kalender und Schrift verdankt, zunächst einigermaßen verständnislos gegenüber. Man machte das, was Eroberer überall und zu allen Zeiten immer wieder gemacht haben, man plünderte das Land aus. Wichtiger als Kultur waren Gold und Korn. Und davon gab es reichlich. »Rom war begeistert von Ägypten«, schreiben die Historiker. So gesehen hatten sie wohl auch allen Grund dazu.

Später änderte sich das. Nicht als ob die Römer aufgehört hätten, Ägypten auszunehmen. Aber mit zunehmender Kenntnis des Landes begannen sie sich doch auch für dessen Kultur zu interessieren, für die historische Entwicklung, für die Welt der ägyptischen Götter, die bald darauf auch im römischen Himmel heimisch werden sollten: Die Schiffe aus Alexandrien brachten nunmehr ägyptische Statuen in die Stadt, Götterbildnisse, Sphinxe, Löwen, heilige Affen – und Obelisken, die sich schon früh besonderer Beliebtheit in Rom erfreuten, ungeachtet dessen, daß sie in Ägypten einst für die »Ewigkeit« bestimmt waren, »der Sonne zum Geschenk gemacht«. Sicher hätten die römischen Kaiser lieber noch die riesigen Tempel mit ihren kolossalen Säulen demontiert, doch waren ihnen hier Grenzen gesetzt. Die Obelisken hingegen waren gerade noch zu bewältigen.

Ehedem waren die Obelisken Weihegaben der Pharaonen an den Sonnengott Amun Re, sie galten als Symbole ewigen Lebens. Ihre von der aufgehenden Morgensonne getroffenen Spitzen, mit Elektrum überzogen, »durchfluteten mit ihrem Licht die stolzen Länder am Nil«. »Ewig« waren auch die Pharaonen. Als verkörperte Gottheit waren sie »der Sonne gleich, wachend über das Wohl der Menschen bis zum Ende der Zeiten«. Gott Amun selbst war der Garant dafür, von ihm stammten sie ab, von ihm hatten sie ihr Regierungsamt erhalten – so besagen es die Hieroglyphen. Und die Pharaonen zeigten sich dankbar. »Ich habe dies aus liebendem Herzen für meinen Vater Amun getan«, heißt es in der Widmungsinschrift der schönen Königin Hatschepsut anläßlich der Aufrichtung ihrer beiden Krönungsobelisken in Karnak. »Ich fand keinen Schlaf wegen seines Tempels. Oh, ihr Menschen, die ihr mein Denkmal nach Jahren sehen werdet, die ihr von dem sprechen werdet, was ich getan habe, sagt nicht: Ich weiß es nicht, warum das geschaffen wurde ... Ich stellte ihn auf vor dem Volk, das nach zwei Zeitaltern sein wird, für diejenigen, deren Herz dieses Denkmal betrachten wird, für jene, die sprechen werden ... und in die Zukunft schauen werden.«

Einer der beiden Obelisken steht noch heute an seinem alten Platz, nach 3500 Jahren. Der andere ist umgestürzt und zerbrochen, doch blieb seine Spitze erhalten. Auf ihr ist Gott Amun zu sehen, wie er schützend seine Hand über die kniende Königin hält, seine »geliebte Tochter«, eine Königin, die sich meist als Mann abbilden ließ, einschließlich des obligaten Pharaonenbartes, der allerdings leicht onduliert war. Eine Frau auf dem Pharaonenthron, das hatte es bis in die glanzvolle Zeit des Neuen Reiches noch nicht gegeben. Hatschepsut, die zunächst die Regierungsgeschäfte für ihren unmündigen dreizehnjährigen Neffen zu besorgen hatte, Thutmosis III., fand wohl, trotz Schwierigkeiten und Anfeindungen, Geschmack an diesem Geschäft. Über zwanzig Jahre lang, von 1490 bis 1469, blieb sie an der Regierung, führte sie das Regiment am Nil, dem Frieden mehr zugetan als dem Krieg, der Liebe mehr als der Gewalt. Ob sie eines natür-

1. Das Pyramidion des umgestürzten Hatschepsut-Obelisken. Amun hält schützend seine Hand über die Königin. Die Inschrift besagt: »... Ich habe gegeben das Königtum der Beiden Länder (und) das Amt des Atum an meine Tochter, die ich liebe. Sie möge leben.«

lichen Todes starb oder ob sie ermordet wurde, weiß man nicht genau.

Thutmosis III., endlich an die Macht gekommen, ließ ihr Andenken radikal tilgen. Gesichtszüge und Namensinschriften auf den Bildsäulen und Gedenkstelen wurden ausgemeißelt. Ihre Obelisken ließ er einfach einmauern, d.h. er ließ sie mit einer Mauer umgeben, die verhinderte, daß sie vom Eingang des Tempels aus zu sehen waren. Dieser einfachen, aber doch wirkungsvollen Methode ist es zu verdanken, daß der noch stehende Obelisk in voller Schönheit erhalten blieb, vom Zahn der Zeit verschont.

Die Ummauerung war ein famoser Schutz, wenn auch sicher nicht ganz im Sinne des rachsüchtigen Thutmosis III., der überhaupt das direkte Gegenteil seiner schönen und friedliebenden Tante war. Nie gab es in der ägyptischen Geschichte mehr Kriege als unter seiner Herrschaft, allerdings war auch das Reich nie größer als zu seiner Zeit. Und was die Obelisken anging, auch da zeigte er Ehrgeiz. Hatte Hatschepsut insgesamt vier Obelisken nach Karnak gebracht, kam er auf fünf, zuzüglich zweier Obelisken, die er in Heliopolis aufrichten ließ. Ihn wiederum übertrumpfte Ramses II., der es in seiner sechsundsechzigjährigen Regierungszeit (1290–1224 v. Chr.) auf einen ganzen »Wald von Obelisken« brachte. Vierzehn Stück ließ er allein in Tanis aufstellen, der windigen Ebene im nordöstlichen Niltal. Ramses II. war übrigens der Pharao, von dem uns der römische Schriftsteller Plinius erzählt, er habe bei der Aufstellung eines Obelisken seinen Sohn an die Spitze anbinden lassen, »damit das Heil desselben bei den Arbeiten auch dem Stein zum Vorteil gereichen möge«.

Fast alle Obelisken kamen aus den Steinbrüchen von Assuan. Der schöne Farbton des rötlich-grau gesprenkelten Granit, Rosengranit, gab den Obelisken Eleganz und Feuer, besonders dann, wenn sie blank poliert waren.

Gewonnen wurden sie, wie es heißt, durch eine Art Keilspaltung: Holzkeile, die man in vorgeschlagene Steinkerben eintrieb und mit Wasser tränkte, sprengten durch ihr Aufquellen den Obelisken vom Gestein ab. Eine andere Methode war, den vorgezeichneten Stein mit Hilfe von scharfkantigen Dolerit-Hämmern herauszuschlagen. Dolerit ist ein körniges Basaltgestein, das härter ist als Granit. Heute noch ist ein derart bearbeiteter Obelisk in den Steinbrüchen von Assuan zu sehen. Die Arbeiten an ihm kamen nicht zu Ende, er zeigte Risse. Und gerade die durfte ein Obelisk nicht haben. Er wäre der größte aller Obelisken geworden: Zweiundvierzig Meter hoch und elfhundert Tonnen schwer.

»Aus einem Block gemacht, ohne Naht und Verbindung«, so mußte ein Obelisk sein. Königin Hatschepsut hat es bei ihrer Königswürde beschworen.

Für den Transport der riesigen Steine zum Nilufer hin benutzte man eine Art Holzschlitten, der durch den Sand gezogen wurde, nachdem man zuvor den Sand mit Nilschlamm präpariert hatte, um den Schlitten gleitfähig zu machen. Auf die gleiche Art transportierten die Ägypter auch die riesigen Steinblöcke, die für den Tempelbau oder die Kolossalstatuen bestimmt waren.

Schwierig war wohl die Verladung auf die Transportschiffe. Wie das genau funktionierte, wissen wir nicht. Plinius vermutet, man habe den Obelisken über einen Kanal gelegt, in dem zuvor ein schwerbeladenes Schiff festgemacht worden sei. Durch Abladen der Fracht sei das Schiff entsprechend gestiegen und habe so den Obelisken aufnehmen können. Überlegt wird auch, ob das Schiff nicht mittels einer besonderen Technik des Flutens in die notwendige Position zu bringen war.

Vielleicht aber war das auch alles viel einfacher, die alljährliche Nilüberschwemmung, der Ägypten ja bekanntlich seine Fruchtbarkeit verdankt, könnte es möglich gemacht haben: Bei Niedrigwasser wurde das Schiff an Ort und Stelle gebracht, beim Steigen des Nils hob es sich und nahm so den Obelisken auf. Wie hingegen so ein Transportschiff ausgesehen hat, das wissen wir ziemlich genau. Das Schiff der Königin Hatschepsut nämlich, das anläßlich ihres Krönungsjubiläums die beiden erwähnten Obelisken nach Karnak brachte, ist auf einem Wandrelief ihres Totentempels im Tal von Dêr el-Bahri zu betrachten. Man erkennt die beiden hintereinander liegenden Obelisken, einen mit der Spitze nach vorne, den anderen mit der Spitze nach hinten zeigend. Entsprechend der Größe der Obelisken muß das Schiff über achtzig Meter lang gewesen sein. Spannseile, die über das Schiff führten, dienten der zusätzlichen Stabilisierung. Ein sicherlich imposanter Anblick: Siebenundzwanzig Ruderboote schleppten das Schiff mit der kostbaren Fracht nilabwärts, Karnak zu. Während der Fahrt begannen auf den Begleitschiffen bereits die religiösen Feierlichkeiten. »Der Himmel ist in Fröhlichkeit, die Erde erfüllt Freude.«

Die Aufstellung war schließlich, so scheint es jedenfalls, für die Ägypter kein so großes Problem. Sie schoben den Obelisken auf eine vorbereitete Schräge, eine Rampe, und ließen ihn über den abgerundeten Scheitelpunkt hinweg in einen mit Sand aufgefüllten Schacht abgleiten. Dabei wurde gleichzeitig der Sand durch einen Tunnel – seitlich am Boden des Schachtes angebracht – nach und nach wieder abgelassen, so daß der Obelisk langsam in die für ihn vorgesehene Position rutschen konnte. Wichtig war, daß er, auf dem Sockel angekommen, in eine vorbereitete Sockel-Nut zu stehen kam. Mit Hilfe von

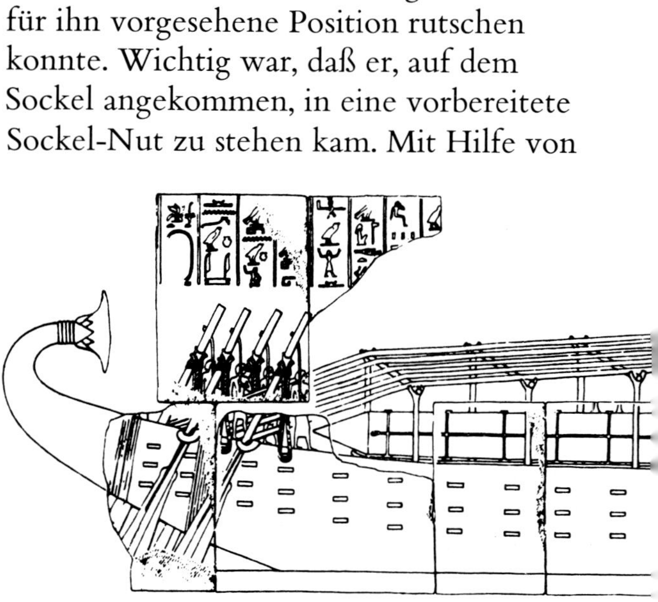

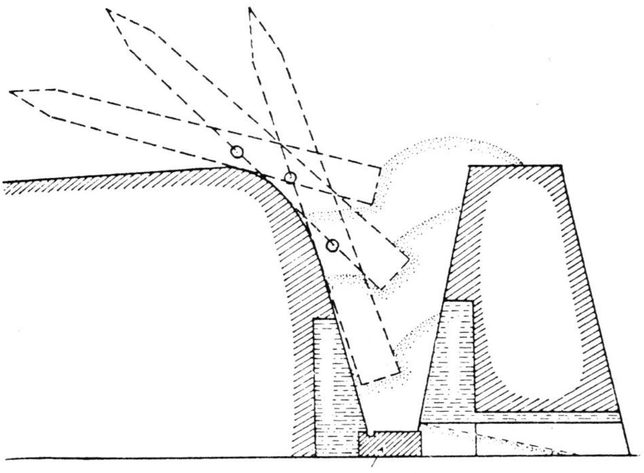

2. Schematische Darstellung der Aufrichtung eines Obelisken.

Seilen wurde er schließlich gerade gestellt. War das alles gut überstanden, wurde der Stein beschriftet, und dem »Wetteifern mit dem Strahl der Sonne« stand nichts mehr im Wege.

Bei aller hier beabsichtigten Vereinfachung der Darstellung, man darf die zweifellos vorhandenen technischen Probleme nicht unterschätzen. Solch ein Unternehmen beschäftigte leicht an die zehntausend Menschen, und dies für lange Zeit. Die Kosten dafür müssen entsprechend hoch gewesen sein; auch für die Staatskasse eines ägyptischen Pharao.

Doch hin zu den Anfängen. Wie begann es mit den Obelisken? Am Anfang war der Stein. Himmelwärts aufgestellt, hatte er seit frühester Zeit eine zutiefst symbolische Bedeutung als Kultobjekt, als Heiligtum und Sitz der Götter und als Fruchtbarkeitssymbol. Das war in Ägypten nicht anders als in anderen Ländern der Welt zur Zeit ihrer jungen Kultur. Dem Steinfetisch als Fruchtbarkeitssymbol – häufig in eindeutig phallischer Form – kam dabei besondere Bedeutung zu.

»Atum ist einer, der (von selbst) entstanden ist, der onanierte in Heliopolis. Er nahm seinen Phallus in die Faust, um damit

3. Das Obeliskenschiff der Hatschepsut. Nach einem Wandrelief aus ihrem Totentempel im Tal Dêr-el-Bahri.

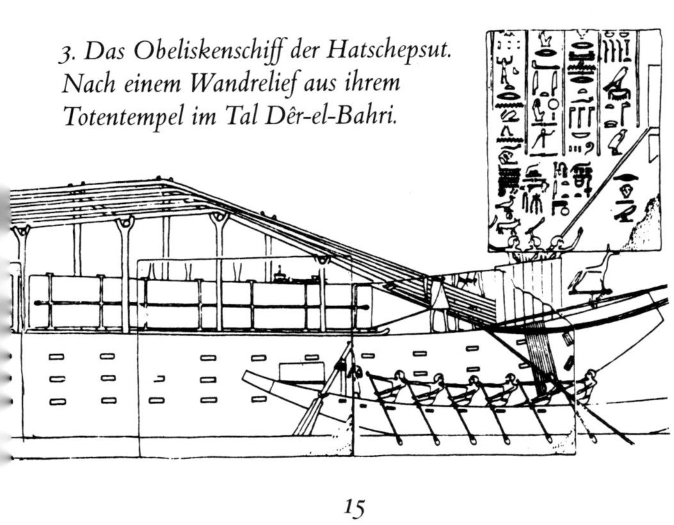

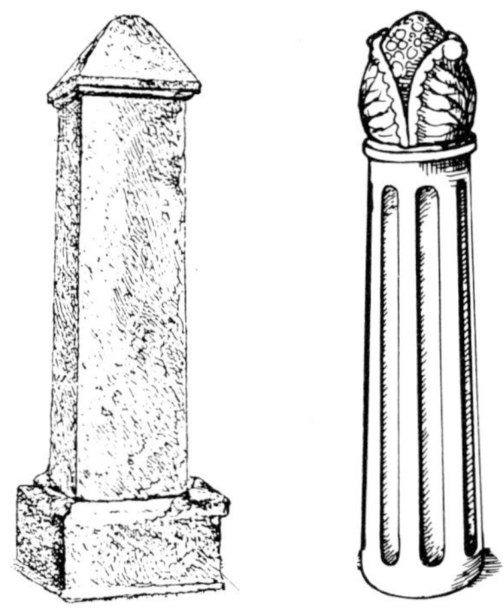

4. Links: Phönizisches Steinsymbol. Rechts: Etruskisches Steinsymbol in Form eines stilisierten Phallus.

Lust zu erregen, und so wurden geboren die Zwillinge Schu und Tefnut.« So beschreibt ein alter Pyramidentext die Erschaffung der Welt durch den ägyptischen Schöpfergott Atum. Mit Schu und Tefnut, die Urelemente für Luft und Feuchtigkeit, beginnt der paarweise Zeugungsprozeß. Himmel und Erde entstehen, Nut und Geb, es folgen die Götter Osiris, Isis, Seth und Nephthys. Sie bilden mit Gott Atum zusammen die große »Neunheit« von Onu, das sich später Heliopolis nennt, das religiöse Zentrum von alters her.

Hier entstand der »Urhügel«, das erste Stück Land, das aus den Urgewässern auftauchte, und hierher gehört, neben anderen Steinfetischen, der sogenannte »Benben-Stein«, der für die Entwicklung der Obelisken von wesentlicher Bedeutung wurde.

Das Wort Benben bedeutet dem Stamm nach »leuchten«, »emporsteigen«, Begriffe, die später auf die Spitze des Obelisken übergehen, auf das Pyramidion.

5. Gott Min von Koptos mit dem Benben-Stein.

In den später entstehenden Heiligtümern des Sonnengottes kommt es zu einer Art Symbiose von Urhügel und Benben-Stein. Hinter einem im Freien stehenden Altar erhebt sich auf einer markanten Böschung (der späteren Obeliskenbasis) ein urtümlicher, gedrungener Stein, von dem man annimmt, daß er der Form eines Obelisken einigermaßen nahegekommen sei. Jedenfalls wird dieser Stein im Zentrum des Heiligtums zum Symbol der Sonnenreligion des Amun Re, der sich, so der Mythos, in Gestalt eines Phönix auf der Spitze des Steines niederließ und sich diesen Platz zu seinem Ruhe- und Lieblingsplatz auserwählte.

Amun, der Gott des Lichtes, mit Gott Re »verschmolzen« – daher der Doppelname –, kann sich mit seiner Sonnenreligion lange behaupten, bis ins fünfte Jahrhundert v. Chr. Als späterer Reichsgott wird ihm in Karnak die größte Tempelanlage des Landes geweiht. Der Versuch Echnatons und seiner schönen Nofretete, ihn zu stürzen, indem sie sich Aton zuwenden, dem Symbol der reinen Sonne, blieb Episode.

Von der Urform der Obelisken zur Kunstform: Dies läßt sich an den Obelisken der Privatgräber des Alten Reiches, den Gräbern der Beamten und Angehörigen des königlichen Hofes, anschaulich verfolgen.

Sie waren aus Kalkstein, hatten eine Spitze und waren bereits beschriftet. Es erscheinen Namen und Titel sowie die Umrißzeichnung eines Mannes, der den obligaten Beamtenstab in der Hand hält. Grabobelisken kennt man bis zu einer Höhe von achtzig Zentimetern. Ihre Funktion war eindeutig: Sie hatten dem Toten im Jenseits Schutz zu gewähren.

»Die Ägypter haben als erste den Göttern Altäre, Bilder und Tempel errichtet und Figuren in den Stein gemeißelt, und sie haben auch als erste den Gedanken ausgesprochen, daß die Seele des Menschen unsterblich sei.« *Herodot*

Mit Ausgang des Alten Reiches ändert sich diese Schutzfunktion. Mehr und mehr wird der Obelisk zu einem Symbol des Lebens, ganz der Sonne zugewandt, dem Diesseits also. Gleichzeitig entwickelt sich seine Form, er wird höher.

Die beiden Obelisken, die König Sesostris I., ein König des Mittleren Reiches, im Heiligtum von Heliopolis errichten ließ,

6. Schematische Darstellung der Obelisken in Rom.

waren bereits über zwanzig Meter hoch – und sie waren aus Rosengranit. Anlaß ihrer Errichtung war das Krönungsjubiläum des Königs. Einer von ihnen steht noch heute, er ist mit seinen viertausend Jahren der älteste an seinem Platz verbliebene Obelisk in Ägypten. Der zweite ging verloren, über sein Schicksal ist nichts bekannt.

Das Neue Reich erlebt die »Blütezeit« der Obelisken, die Konjunktur gewissermaßen. Ägypten war in dieser Zeit eine politische und wirtschaftliche Großmacht. Das ungeheure Selbstbewußtsein seiner Pharaonen drückt sich nicht nur in der Errichtung gewaltiger Tempelbauten aus, sondern eben auch in der Errichtung einer Vielzahl von Obelisken, von denen wir wissen, daß sie immer auch, trotz anhaltender Verbindung zu Gott Amun Re, zur ganz persönlichen Machtdemonstration dienten, ein politisches Denkmal, manifestierte Macht in Stein.

Doch blieb von der ganzen Herrlichkeit nicht viel übrig. In Ägypten stehen heute noch fünf Obelisken aufrecht. Das ist der traurige Rest. Viele stürzten um und zerbrachen, sie liegen verschüttet im Sand. Andere fielen den Verwüstungen der zahlreichen Kriege zum Opfer. Wieder andere hat man verschleppt, als Siegestrophäe einfach mitgenommen. Obelisken zu entführen, das wurde schon früh zur Mode, lange vor den Römern. Der Assyrerkönig Assurbanipal (669 bis 626 v. Chr.) machte den Anfang. Nach der Zerstörung von

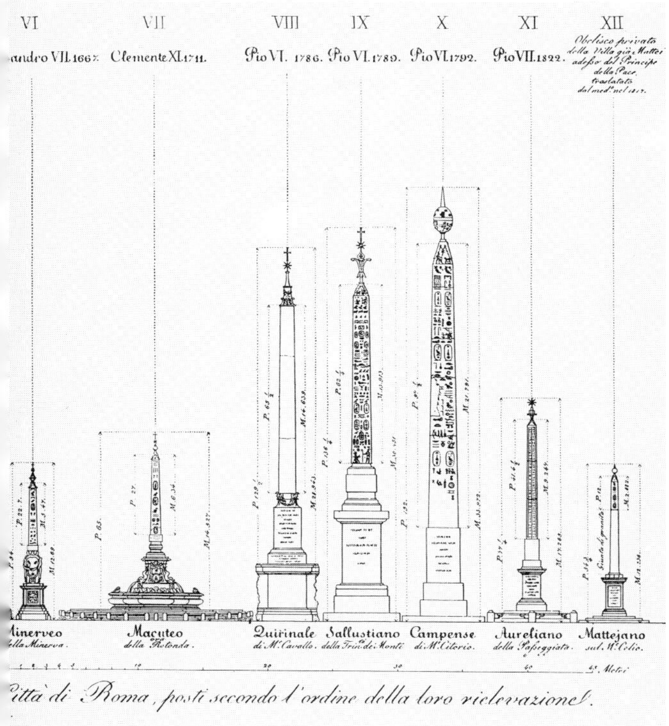

Theben verfrachtete er zwei Obelisken nach Ninive, in seine Hauptstadt.

Damit allerdings gaben sich die Römer nicht zufrieden. Frühe Aufzeichnungen sprechen von etwa vierzig bis fünfzig Obelisken, die von Ägypten nach Rom gingen. Doch sind diese Zahlen mit Vorsicht zu genießen. Die Quellen sind einigermaßen dunkel.

In Rom stehen heute noch, bzw. heute wieder, dreizehn Obelisken. Einer ging von Rom nach Florenz. Der Rest, wie groß er in der Antike auch gewesen sein mag, gilt als verschollen, sieht man von einigen wenigen Fragmenten ab.

Es waren die Päpste der Renaissance und des Barock, die sie aus den Trümmern der versunkenen Antike wieder hervorholten und ihnen im »neuen« Rom einen neuen Platz anwiesen. Rom sollte schöner werden. Nach den kriegerischen Heimsuchungen, die diese Stadt immer wieder durchzustehen hatte bis hinein ins sechzehnte Jahrhundert, galt es, Rom neu zu gestalten. Für Baumeister wie Rainaldi, Borromini, vor allem aber Bernini, der Rom auf eine Weise prägte wie kaum jemand zuvor – »als ob er der Herr der Welt wäre«, wie seine Mutter an Kardinal Barberini schrieb –, bot die ramponierte und halb entvölkerte Stadt reiche Möglichkeiten.

Nun war es mit der Aufstellung der Obelisken allein noch nicht getan. Schließlich stammten sie aus der Welt der Ungläubigen und waren im Hinblick auf ihre frühere Bestimmung von ausgemacht heidnischem Charakter. Dem war entgegenzutreten. Also trieben die Päpste den Obelisken die bösen Geister aus, weihten sie in feierlichen Umzügen und setzten ihnen das christliche Kreuz auf die Spitze – über die Taten der göttlichen Pharaonen und über die Inschriften der römischen Kaiser, die sich nichtsdestoweniger auch für Götter gehalten hatten. Damit waren die Obelisken ein zweites Mal besiegt. Die Basis ließen die Päpste dem Anlaß der Aufrichtung entsprechend beschriften, selbstverständlich auch mit ihren Namen und einem mehr oder minder diskreten Hinweis auf ihre Verdienste, wohl wissend, daß das Gedächtnis der Menschen kurz ist, daß diese Welt vergeßlich ist.

Die ägyptischen Obelisken in Rom geben Zeugnis. Sie bezeugen, was Menschen und Mächte über lange Zeit hinweg bewegt hat. Sie zeugen für sich wie auch für das, was um sie herum geschehen ist, für ihr »Umfeld«, in das man sie hineingestellt hat – kein Obelisk blieb allein.

Ihre Geschichte, ihre eigene, wie auch die Geschichten, die sie zu erzählen wissen, ist nicht immer vollständig darzustellen, ist nicht immer bis ins letzte auszuleuchten. Wie es »wirklich« war, dies läßt sich ja ohnedies nicht beschreiben. Rekonstruktion ist immer auch Konstruktion. Ein Problem, dem sich schon Herodot gegenübersah, der »Vater der Geschichte«. Er vertraute der Anekdote wie der Phantasie, gelegentlich auch der Übertreibung, und war sich gewiß, damit den Kern der Wirklichkeit zu treffen. Ein erprobtes Rezept, von dem wir ein wenig zu profitieren hoffen, wenngleich Herodot nicht überstrapaziert werden soll.

Die Fülle der Ereignisse mag gelegentlich zu abweichenden Gedankenausflügen führen. Sollte der Autor dem zu sehr erliegen, der »alten Zauberin Rom« zu sehr ins Garn gegangen sein, bittet er um Nachsicht. Vielleicht gelingt es ihm, sich mit dem einen oder anderen interessanten Hinweis über Rom zu revanchieren, der dem »geneigten Leser« bisher entgangen oder auch entfallen ist. Dies würde ihn besonders freuen.

E.B.

DIE OBELISKEN DES SIXTUS V.

Der Obelisk vor Sankt Peter
1586
Der Obelisk an S. Maria Maggiore
1587
Der Obelisk vor dem Lateran
1588
Der Obelisk auf der Piazza del Popolo
1589

*

»Nützlich ist es, lange Auseinandersetzungen mit Geduld anzuhören. Dies gewährt die nötige Zeit, um über die Antwort nachzudenken, die man geben wird – und es befriedigt den Wortführer, da jedermann es liebt, wenn ihm zugehört wird.«

*

»Wer nie aufhört zu überlegen, beginnt nie zu handeln.« *Sixtus V.*

DER OBELISK VOR SANKT PETER

Stille ist noch immer um den hohen Pfeiler, so nah auch die Brunnen rauschen, so lärmend das Volk von Rom von dem runden Marmorsaal unter freiem Himmel Besitz ergreift. Heute, zur Stunde der Dämmerung, stand die fröhlich geschwätzige Gemeinschaft der Heiligen auf den Colonaden silhouettenhaft dunkel schon gegen den reinen Herbsthimmel, auch die Krönchen der Adler und der Sternschmuck der züngelnden Bronzelöwen, die unter dem schwarzen Zuckerguß barocker Ornamente geduckt den Obelisken tragen. Das Kreuz hoch oben erschien spielzeugklein, wie eine Zutat ohne rechte Bedeutung und ausgeschlossen vom warmen Schein der Lampen, die wie auf einen Schlag das Rund des Säulenganges erhellten. Der Obelisk stieß gewaltig hinaus über Menschenlärm und Menschenlicht, er erzählte eine Geschichte, Heliopolis in Ägypten, Circus des Caligula, Papst Sixtus V., und verkündete den Ruhm Christi mit den Worten der Bibel, die doch, in diesen Stein gegraben, einen ganz neuen Klang annehmen, einen stolzen, herrischen Klang. CHRISTUS VINCIT, CHRISTUS REGNAT, CHRISTUS IMPERAT, der Herrscher, der sein Volk gegen alles Übel

7. Giovanni Pannini, Ansicht des Petersplatzes.

8. Pietro Ruga (nach Piranesi), Petersplatz und Vatikan mit den Säulen des Bernini.

verteidigt, der Löwe aus dem Stamme Juda, der über seine Feinde siegt. Wie die mythischen Säulen, die vom ersten Sonnenstrahl getroffen, zu singen anhoben, reckt sich der alte Wüstenmenhir aus der weichen Umarmung der Barockarchitektur und schreit – mit der zornigen Stimme des Löwen, der einst die Herden der Nomadenvölker zerriß.« *Marie Luise Kaschnitz*

Besiegt, doch nicht vernichtet, vergangen, aber nicht verloren. Der Obelisk im Zentrum der katholischen Christenheit, inmitten hunderttausender Pilger, die hier für ihren Glauben Zeugnis geben, schafft Distanz, inmitten der ihn umgebenden christlichen Kolossalarchitektur gab er dem »Marmorsaal unter freiem Himmel« einst die zwingende Mitte – und behauptete sie. Die Säulen des Bernini, die Fassade des Maderno, er verwies sie auf ihren Platz, sie hatten sich nach ihm zu richten.

Die Geschichte dieses Obelisken beginnt in Heliopolis, oder auch nicht, die Angaben darüber sind widersprüchlich: Da heißt es einmal, der Obelisk sei von dort nach Alexandrien ins Forum Julium gekommen, ein andermal, er sei erst für das Forum Julium in Alexandrien angefertigt worden – und

zwar von römischen Steinmetzen. Heliopolis oder nicht, das ist nicht mehr zu klären. Für letzteres spricht vielleicht, daß wohl kein Pharao die Gelegenheit versäumt hätte, diesen respektablen Obelisken mit seinem Namen und mit seinen Ruhmestaten zu beschriften. Da der Obelisk jedoch unbeschriftet blieb, kann es wohl sein, daß er erst zur Zeit der römischen Herrschaft in Ägypten entstanden ist. Einigkeit besteht indessen darüber, daß es Gaius Cornelius Gallus war, der erste Präfekt im besiegten Ägypten, der unter dem Befehl des Augustus den Obelisken im neu errichteten Forum Julium zu Alexandrien aufrichten ließ. Dies hat man nach mühseliger Rekonstruktion alter Schriftspuren am unteren Ende des Obeliskenschaftes herausgefunden. Über diesen Spuren, heute noch gut erkennbar, findet sich eine Widmungsinschrift, die sich an Tiberius und Augustus richtet. Man glaubt, daß sie auf Caligula zurückgeht. Warum gerade auf Caligula, das bleibt ungeklärt. Welchen Grund könnte gerade er gehabt haben, so fragt man sich, dem schreckenerregenden Tiberius zu huldigen, von dem man sich in Rom schaudernd erzählte, daß selbst der Tod sich vor ihm fürchte. Soll doch Caligula in seiner Ungeduld, selbst

9. Imaginäre Ansicht von Sankt Peter mit dem Obelisken nach Plänen Michelangelos.

Kaiser zu werden, dem Tiberius auf dem Totenbett noch den Hals zugedrückt haben, nachdem dieser nun partout nicht sterben wollte. Der nicht minder schreckliche und wahnsinnige Caligula ließ, nachdem er Kaiser geworden war, das Forum Julium in Alexandrien zerstören. Im Jahre 37 n. Chr. gab er Befehl, den Obelisken nach Rom zu schaffen, drei Jahre vor seinem eigenen, gewaltsamen Tode.

Ein Zeichen des Sieges sollte der Obelisk sein, seines Sieges über Ägypten, ungeachtet dessen, daß es zu Caligulas Zeiten in Ägypten nichts mehr zu siegen gab. Dies hatte bereits Augustus hinreichend besorgt, sein Urgroßvater. Und was das Zeichen des Sieges anging, auch da war ihm Augustus zuvorgekommen. Schon im Jahre 10 v. Chr. hatte er die ersten beiden Obelisken nach Rom gebracht. Für den Transport des Obelisken von Alexandrien nach Rom ließ Caligula ein riesiges Schiff bauen, »fast so lang wie die linke Seite des Hafens von Ostia«, wie Plinius berichtet. Immerhin, dieses Schiff hatte einige Last zu tragen. Da war der schwere Obelisk mit seinen gut dreihundertvierzig Tonnen Gewicht und

mit einer Länge von über dreiundzwanzig Metern. Dann die riesigen Steinblöcke, die dem Obelisken in Alexandrien als Basis gedient hatten und die mit auf die Reise gingen. Und dann waren da noch Unmengen ägyptischer Linsen, die in Rom äußerst beliebt waren und dort reißenden Absatz fanden – an die tausend Tonnen sollen es gewesen sein. Die in Rom so begehrten Linsen hatten auf der Reise eine durchaus praktische Funktion, bei unruhiger See stabilisierten sie das schwerbeladene Schiff.

In Rom brachte man den Obelisken in den Circus des Caligula, den späteren Circus Nero, der unmittelbar an der Südseite des jetzigen Petersdoms gelegen war, damals weit außerhalb der Stadt. Auf Rollen liegend, wurde er Stück für Stück vorangeschoben, eine mühselige Arbeit. Zwanzigtausend Menschen sollen nötig gewesen sein, um den Koloß an Ort und Stelle zu bringen.

Das Schiff, das den Obelisken nach Rom gebracht hatte, wurde hier noch lange bestaunt. Erst unter Kaiser Claudius, der in Ostia einen neuen Hafen anlegen ließ und der um Baumaterial verlegen war, erhielt es eine neue Bestimmung. Sueton berichtet: »Den Hafen von Ostia erbaute er,

10. Grundriß-Darstellung des Circus Nero und der Peterskirche. Die alte Arena übertrifft in ihren Ausmaßen Kirche und Vorplatz von Sankt Peter.

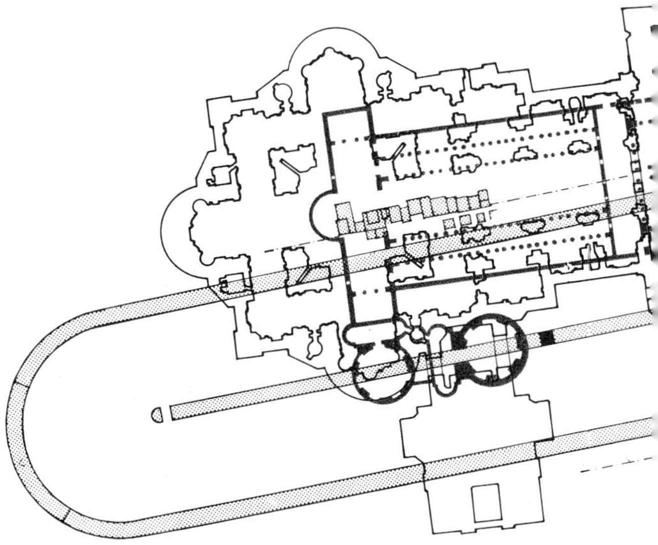

indem er ihn links und rechts mit Molen umgab und ihn am Eingang, wo der Grund und Boden schon tief lag, durch einen Damm schützte. Um diesen desto fester zu gründen, ließ er vorher ein Schiff, auf welchem ein großer Obelisk aus Ägypten hergebracht worden war, versenken, mehrere Pfeiler an den Seiten aufmauern und auf diesen einen riesigen Leuchtturm aufführen, nach dessen nächtlichen Feuerzeichen die Schiffe ihren Kurs steuern konnten.«

Der Circus des Caligula war an die sechshundert Meter lang und fünfundneunzig Meter breit. Eine gewaltige Anlage, der Fläche nach größer als der heutige Petersplatz und Petersdom zusammen. Der Obelisk stand inmitten des Circus auf der sogenannten Spina, einer langgestreckten, niedrigen Aufschüttung, die den gewaltigen Circus in zwei gleiche Rennbahnen teilte. Auf die Spitze des Obelisken hatte man eine vergoldete Bronzekugel gesetzt, von der man sich in Rom lange erzählte, sie enthalte die Asche des großen Caesar. Man ist immer davon ausgegangen, daß, entsprechend der Maße des Circus, mehr aber noch dem Platz des Obelisken nach, der genau bekannt ist, die Grundmauern des Petersdoms auf der nördlichen Umfassungsmauer des Circus fußten. Dies scheint jedoch nicht der Fall zu sein, jedenfalls haben neuere Ausgrabungen unter dem Petersdom dies nicht bestätigt. Man fand antike Gräberfelder, die dem Circus unmittelbar benachbart waren, aber nicht die

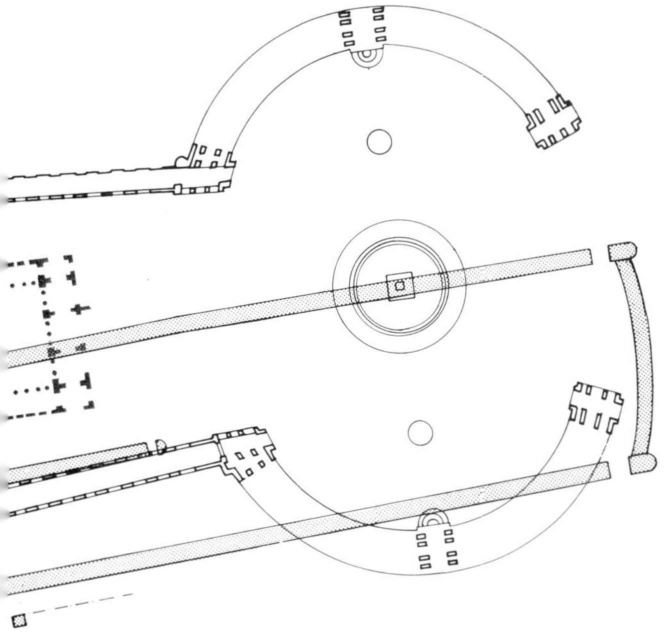

Mauern des Circus. Lag er möglicherweise doch weiter südlich als angenommen? Dieser Überlegung jedoch steht die Stellung des Obelisken entgegen. Er markiert die Mitte des Circus, daran ist nicht zu zweifeln.

Nun kann es ja auch sein, daß der Circus überhaupt keine Umfassungsmauer hatte, daß die Zuschauer auf Holzbänken saßen oder vielleicht auf dem ansteigenden Rasen. Möglich wäre dies immerhin.

Unter Caligula und den nachfolgenden Kaisern, besonders aber unter Nero, fanden in diesem Circus die blutigsten und grausamsten Wettkämpfe statt: Tiere gegen Tiere, Tiere gegen Menschen, Menschen gegen Menschen. Die ganz und gar men-

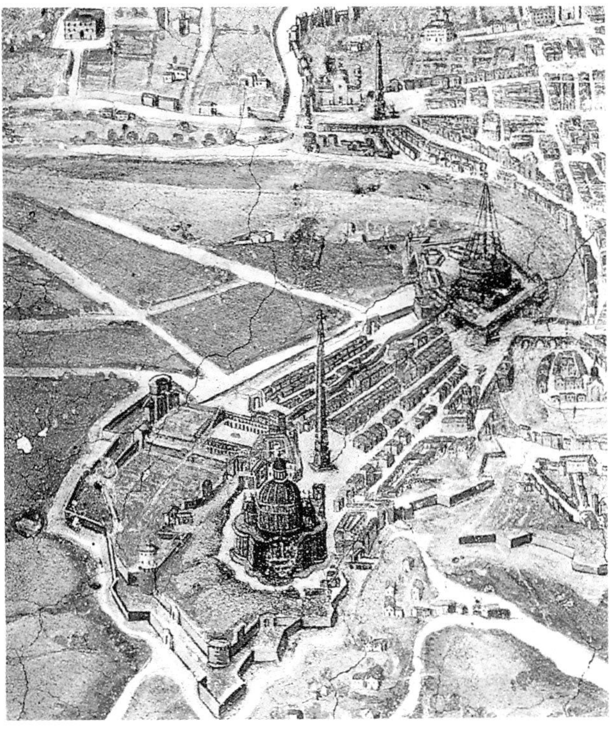

11. Antonio Danti, Ausschnitt aus einer Ansicht von Rom um 1590.

schenverachtende Einstellung der Römer und ihrer wahnsinnigen Kaiser, die immer noch mehr Blut sehen wollten, immer noch grausamere »Spiele«, hier fand sie ihren Höhepunkt. Ungezählte Christen der ersten Zeit haben in diesem Circus den Tod gefunden. »Nero ließ sie fassen, steckte sie in Tierhäute und zündete sie an«, schreibt Tacitus. Im Jahre 64 wurde hier Petrus hingerichtet, gekreuzigt, mit dem Kopf nach unten.

Dabei war man in Rom den Christen und ihrem Glauben gegenüber zunächst durchaus tolerant eingestellt, wie man sich hier gegenüber fremden Religionen ja überhaupt offen zeigte, solange die eigene Götterwelt nicht Schaden litt. Man denke z.B. an den ägyptischen Isiskult oder auch an die Mithras-Verehrung. Nur, verstehen konnten die Römer diesen Glauben nicht. Aßen die Christen nicht das Fleisch ihres Gottessohnes, tranken sie nicht sein Blut? »Ich habe nichts anderes gefunden als einen verderbten, maßlosen Irrglauben«, so Plinius.

Unter Kaiser Konstantin fand die Verfolgung der Christen ihr Ende. Im Edikt von Mailand aus dem Jahre 313 heißt es: »Wir haben beschlossen, den Christen und allen anderen die Freiheit zu gewähren, die ihnen zusagende Religion auszuüben, damit die im Himmel herrschende Gottheit uns und allen, die unter unserer Herrschaft leben, gnädig und wohlgesinnt werde. Uns scheint, es sei gut und vernünftig, keinem unserer Untertanen, sei er Christ oder nicht, das Recht zu verweigern, der Religion anzugehören, die ihm am besten zusagt.«

In der Zeit des Konstantin wird die christliche Religion zur Staatsreligion. Der Kaiser, der sich selbst zum christlichen Glauben bekannte, ließ über dem Grab des Petrus eine Basilika erbauen, die erste Peterskirche. Bei den Bauarbeiten soll er eigenhändig mitgemacht haben. Es heißt, er habe die ersten zwölf Körbe Erde weggetragen.

Zwölfhundert Jahre stand die Basilika des Konstantin. Fast siebenhundert Jahre lang war sie kaiserkrönende Kirche. Wer Kaiser werden wollte, kam nicht an ihr vorbei. Karolinger, Sachsen, Salier, Staufer, sie hat sie alle gesehen. Und über all die Zeit und länger noch stand unser Obelisk, aufrecht und unverrückt. Er kam heil durch die Zeit der großen Verwüstungen Roms, sieht man davon ab, daß seine Bronzekugel auf der Spitze den plündernden Landsknechten des »Sacco di Roma« gelegentlich als Zielscheibe für ihre Schießkünste diente. Und auch die zahlreichen Erdbeben und Brände, die die Stadt im Laufe der Zeit heimsuchten, überstand er. Alle anderen Obelisken, die durch die römischen Kaiser nach Rom gekommen waren, stürzten um, versanken unter den Schuttbergen der zerstörten Stadt und gerieten dadurch nicht selten in Vergessenheit. Nicht so der Obelisk im Circus Nero. Man hat sich oft gefragt, warum gerade er verschont blieb, warum zum Beispiel die plündernden Goten, denen in Rom bekanntlich nichts heilig war, an ihm vorbeigegangen sind. Niemand weiß es.

Unter Papst Julius II. (1503–1513) wird die konstantinische Basilika abgerissen. Im Laufe der Jahrhunderte war sie baufällig geworden. Es hatte zwar nicht an Versuchen gefehlt, sie zu retten, so schickte Papst Johannes XXII. aus seinem Exil in Avignon noch fünfhundert Golddukaten zur Erhaltung der morschen Balkendecke, doch blieben diese Bemühungen ohne Erfolg. Im Jahre 1506 wird nach den Plänen von Bramante der Grundstein für die neue Kathedrale gelegt. Hundertzwanzig Jahre später wird sie eingeweiht. Die Namen der größten Künstler Roms sind mit diesem Riesenbau verbunden: Bramante, Sangallo, Raffael, Perutti, Michelangelo, della Porta, Fontana, Bernini und Maderno. Michelangelo übernahm das Werk 1546. Die reine Freude ist es ihm wohl nicht gewesen. In einem Brief an Messer Giorgo vom 15. Mai 1555 klagt er: »Ich wurde mit Gewalt zur Leitung des Baus von St. Peter gezwungen und habe nun schon ungefähr acht Jahre ohne Entgelt, ja mit großem Schaden und viel Ärger der Aufgabe geopfert.«

Nach seinem Tode ging die Bauleitung auf Giacomo della Porta über. Unter ihm wurde 1590, im Todesjahr von Papst Sixtus V., die Kuppel vollendet. Unterhalb der Laterne ließ der Nachfolger des Papstes die Inschrift anbringen: »Zum Ruhme des heiligen Petrus und des Papstes Sixtus V. im fünften Jahr seines Pontifikats, 1590.«

Im Jahre 1586 veränderte unser Obelisk seinen Standort. Von der südlichen Längsseite der Basilika, seinem alten, ange-

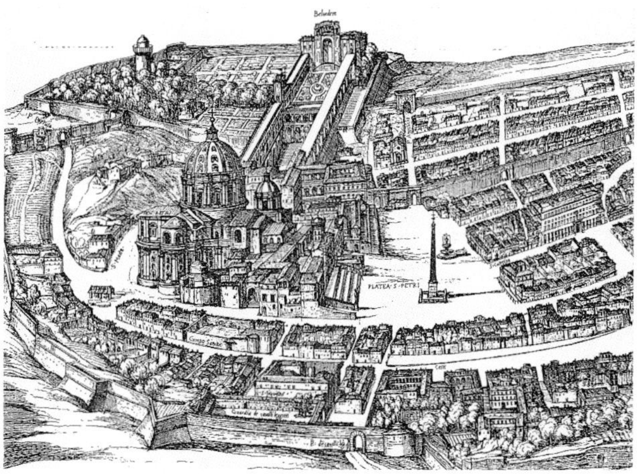

12. A. Tempesta, St. Peter und Campo Santo Teutonico aus einem Romplan von 1593.

stammten Platz aus den Tagen des Caligula, wechselte er hinüber zur Frontseite, der Hauptfassade gegenüber. Verordnet hatte ihm diesen Stellungswechsel eben jener Sixtus V., ein Papst, der den Ehrgeiz hatte, ein neues Rom erstehen zu lassen, der Straßen und Plätze bauen ließ und Wasserleitungen legte – die Aqua Felice z.B. ist sein Werk –, auch wenn dabei einiges vom alten Rom verlorenging. Den »häßlichen Altertümern« vermochte er ohnedies nicht viel abzugewinnen.

Sixtus V. war ein energischer Mann, praktisch, zupackend, nicht unbedingt ein Freund der Künste, wenn man davon absieht, daß er schöne Bücher liebte. Als er, fünfundsechzigjährig, zum Papst gewählt wurde, galt seine erste Maßnahme dem Banditenunwesen in Rom. Man war dazumal in der Ewigen Stadt seines Lebens nicht sicher, Mord und Totschlag waren an der Tagesordnung. Die Zahl der Banditen wurde an die zwanzigtausend geschätzt. Sixtus V. machte dem auf seine Weise ein Ende. »Solange ich lebe, muß jeder Verbrecher sterben«, ließ er bekanntgeben. Und so hielt er es auch. Er ließ die Banditen, die seinen Soldaten in die Hände fielen, kurzerhand köpfen und die abgeschlagenen Köpfe öffentlich zur Abschreckung aufstellen. Bald darauf hieß es in Rom, auf der Engelsbrücke seien mehr abgeschlagene Banditenköpfe zu betrachten, als es Melonen auf dem Markt gebe.

Auch eine andere Sache ging er mit Elan an, den bankrotten Staatsschatz. Durch kluge Geldpolitik, die auch nicht vor Ämterverkauf haltmachte, und durch äußerste Sparsamkeit am päpstlichen Hof, eine absolut unpopuläre Maßnahme, gelang ihm die Sanierung der Finanzen. Er galt als ungeheuer geizig, und doch gab er Riesensummen für die Neugestaltung Roms aus, nicht zuletzt auch für die Aufrichtung der Obelisken, denen sein besonderes Interesse galt. Gleich vier davon ließ er in seinem kurzen, nur fünfjährigen Pontifikat errichten. Diese Obelisken hatte er allerdings schon im Visier, als er noch Kardinal war. Bereits zu dieser Zeit hatte er Vorstellungen darüber, wo diese Obelisken einmal stehen sollten. Innerhalb seines Straßenbaukonzepts, das vorsah, die Hauptkirchen Roms mit schnurgeraden Straßen zu verbinden, sollten sie ihren Platz an den Aus-

13. Gedenkmünze mit Papst Sixtus V. und der durch ihn errichteten vier Obelisken.

gangs- und Kreuzungspunkten erhalten. Herausragendes Beispiel dieser Idee ist die fast drei Kilometer lange Via Felice, die heutige Quattro Fontane, die im oberen Teil Via Sistina heißt. Sie führt in gerader Flucht von der S. Maria Maggiore mit ihrem Obelisken bis auf den Pincio, endend vor der Trinità dei Monti.

Domenico Fontana, der Architekt des Papstes, schreibt: »Da unser Herr wünschte, den Weg für diejenigen zu erleichtern, die um der Andacht oder um ihrer Gelübde willen die heiligsten Stätten der Stadt Rom häufig besuchen, insbesondere die sieben Kirchen, die so berühmt sind für ihre Ablässe und Reliquien, ließ er viele äußerst bequeme und gerade Straßen von vielen Plätzen ausgehen. So kann man zu Fuß, zu Pferd oder im Wagen, von welchem Platz in Rom man immer mag, im wesentlichen in einer geraden Linie zu den berühmtesten Andachtsstätten gelangen.«

Ein Besuch im Salone Sistino in der Vatikanischen Bibliothek gibt einen guten Überblick über das Baukonzept des Sixtus. Hier nämlich, in den prächtigen Lünetten des Salone, den Bogenfeldern, wird der Papst als Erneuerer Roms gefeiert. Die neu erstandenen Straßen und Plätze, mit den Obelisken im Zentrum, die Kuppel der Peterskirche, der Lateranpalast und der Quirinal, gleichfalls Werke Sixtus' V., da ist nichts ausgelassen. Im übrigen entstand auch die Vatikanische Bibliothek unter seiner Ägide. Der Bücherliebhaber mochte es nicht länger mit ansehen, daß seine Schätze in feuchten, unzureichenden Räumen untergebracht waren. Also ließ er eine neue Bibliothek bauen, und zwar im Eiltempo, wie dies so seine Art war. Daß dabei die schöne terrassenförmige Doppeltreppe des Belvederehofes abgerissen wurde, ein architektonisches Juwel, dem die Kunstkenner bis auf den heutigen Tag nachtrauern, kümmerte ihn nicht sonderlich. Ihm waren die Bücher wichtiger. 1931 stürzte ein Teil der Bibliothek zusammen. Zwei Mittelpfeiler hatten nachgegeben. Böse Zungen behaupteten, dies sei der Eile des Sixtus zuzuschreiben und dem fehlenden Zement seines Baumeisters Fontana.

Den Obelisken aus dem alten Circus Nero vor der Frontseite der Peterskirche aufzurichten, diesen Gedanken hatte man schon vor der Zeit des Sixtus, aber es war bisher nicht dazu gekommen. Geldmangel mag dabei eine Rolle gespielt haben, in der Hauptsache werden es jedoch die enormen technischen Schwierigkeiten gewesen sein, denen man sich gegenübersah. Wie diesen Koloß von der Stelle heben, wie ihn über das abschüssige Gelände auf die neue Position transportieren und ihn dort mit seinen dreihundertvierzig Tonnen wieder hochheben? Zweihundertsechzig Meter betrug die Entfernung von der alten bis zur neuen Stelle, über acht Meter Gefälle waren zu überwinden.

Doch Sixtus schreckte das nicht. Er ging das Unternehmen an. Nachdem ihm Michelangelo und Sangallo abgesagt hatten – sie hielten das Vorhaben für schlichtweg unmöglich –, ließ er einen Wettbewerb ausschreiben. Rund fünfhundert Teilnehmer aus ganz Italien und Griechenland beteiligten sich daran. Doch erwiesen sich die eingehenden Vorschläge allesamt als ungeeignet. Sie reichten über das Angebot von monströs konstruierten Maschinen bis hin zu detaillierten Empfehlungen, wie dem Obelisken mit Beschwörung und Meditation beizukommen sei. Gewinner wurde schließlich der päpstliche Architekt Domenico Fontana, ein Mitarbeiter des großen della Porta. Er hatte den Papst mit einem Modell überzeugt. Stehend in einem kompakten Gerüst, konnte der maßstabgerechte Obelisk darin mit Hilfe von

14. Domenico Fontana.

geschickt geführten Schnüren phasenweise abgesenkt bzw. aufgerichtet werden. Dies hatte den praktisch denkenden Papst beeindruckt, und Fontana bekam den Auftrag. Nachdem die Entscheidung gefallen war, drängte Sixtus auf unverzüglichen Beginn der Arbeit, es galt, keine weitere Zeit zu verlieren. Fontana hatte nun zu zeigen, daß er mehr konnte als ein Modell bauen.

Der mächtige Sixtus tat das Seine. Mit einem sogenannten »Privileg« vom 5. Oktober 1585 übertrug er Fontana »Vollmacht und Autorität«, wie sie einem Baumeister bisher wohl noch niemals zugestanden worden waren:

»Wir, Sixtus V., verleihen dem Domenico Fontana, Architekten des Heiligen Apostolischen Palasts, damit er den Transport des Vatikanischen Obelisken auf den Platz von St. Peter leichter und schneller bewirken kann, Vollmacht und Autorität, während der Dauer dieses Transportes sich der Dienste jedes beliebigen Handwerkers oder Arbeiters zu bedienen, sowie ihrer Sachen, welcher Art sie auch seien, und sie nötigenfalls zu zwingen, sie ihm zu leihen oder zu verkaufen, wobei er sie jedoch durch gebührenden Lohn zu befriedigen hat. Daß er sich bedienen könne aller Bretter, Balken und Hölzer, welcher Art sie auch seien, die an den für diesen Zweck geeigneten Orten sich befinden, sie mögen gehören, wem sie wollen, wofür er jedoch den Besitzern angemessene Preise zu zahlen hat, wie sie von zwei Schiedsmännern abgeschätzt werden, die von den Parteien zu wählen sind. Und daß er alle Hölzer fällen und schneiden lassen kann, die in irgendeiner Weise der Kirche von St. Peter, ihrem Kapitel oder ihren Kanonikern gehören, namentlich auch solche im Besitze des Campomorto, des Hospitals von San Spirito in Sassia oder der Apostolischen Kammer ohne irgendwelche Bezahlung. Daß er sie durch irgendwelchen beliebigen Ort führen und die Tiere, die ihm zu dieser Arbeit dienen, darauf weiden lassen kann, ohne irgendwelche Belästigung deshalb zu erleiden, wofür er jedoch Entschädigung leisten muß, die von Experten abgeschätzt wird, welche für diesen Zweck zu erwählen sind. Daß er die genannten und alle anderen nötigen Sachen kaufen und wegführen kann von jeder beliebigen Person, ohne Zölle und Abgaben zu bezahlen. Daß er ohne Lizenz oder Schein in Rom oder den anderen Städten und benachbarten Orten alle Arten von Lebensmitteln für seinen Gebrauch und den seiner Diener und Tiere nehmen kann; daß er Winden, Hanfseile und Flaschenzüge nehmen und wegtragen kann, wo sie sich finden, auch wenn sie zerbrochen werden sollten, wobei er jedoch versprechen muß, sie wiederherzustellen und ganz zurückzubringen, und angemessene Pacht zahlen muß. Und daß er sich ebenso aller Instrumente und Sachen der Gebäude von St. Peter bedienen kann und den Dienern und Beamten derselben befehlen kann, daß sie innerhalb eines angemessenen Zeitraumes den Platz um den Obelisken frei machen, um ihn dahinführen zu können, und alles vorbereiten, was für diesen Zweck nötig ist. Daß er nötigenfalls die dem Obelisken benachbarten Häuser niederlegen lassen kann, wobei jedoch zuvor die Art der Entschädigung festgesetzt werden muß, die zu leisten ist.

In Summa geben wir dem genannten Domenico Fontana Vollmacht, zu tun, anzuordnen und zu verlangen alles andere, was zu genanntem Zwecke erforderlich ist; und außerdem, daß er und seine Agenten, Diener und Hausgehilfen allerorts und jederzeit jede Art von Waffen tragen dürfen außer den verbotenen. Und wir befehlen allen Magistratspersonen und Beamten des ganzen Kirchenstaates, daß sie in allen vorgenannten Dingen Hilfe leisten und den genannten Domenico Fontana unterstützen. Allen anderen aber, die in irgendeiner Weise dem Apostolischen Stuhle untertan sind, wes Ranges und Standes sie auch seien, befehlen wir bei Gefahr unserer Ungnade und 500 Dukaten Strafe oder mehr nach unserer Entscheidung, daß sie nicht wagen, die genannte Arbeit zu hindern oder jenen Domenico und seine Agenten und Arbeiter in irgendwelcher Weise zu belästigen, sondern ohne Verzug und irgendwelche Entschuldigung ihm zu helfen und zu gehorchen, ihn zu unterstützen und ihm beizustehen. Gegeben zu Rom bei Sankt Markus am 5. Oktober 1585 ...«

Schon möglich, daß es Fontana angesichts dieses »Privilegs« etwas unbehaglich wurde, wird doch hier sehr deutlich, wieviel dem Papst an diesem Unternehmen lag und wie stark er sich exponierte, um es erfolgreich zu Ende zu bringen.

Wir wissen, daß Fontana Angst vor dieser Aufgabe hatte, daß er anfangs fürchtete, daran zu scheitern. Der Vatikanische Obelisk war schließlich der erste Obelisk, der in der »Neuzeit« Roms bewegt werden sollte, da konnte schon einiges schiefgehen. Er tat zunächst einmal das, was Techniker immer tun, wenn sie vor ein Problem gestellt werden, er rechnete. Wie schwer war denn nun der Obelisk wirklich, wieviel an Gewicht war zu bewegen? Fontana hat glücklicherweise über seine Arbeit präzise Aufzeichnungen gemacht, die er später unter dem Titel »Della transportatione dell' Obelisco Vaticano« auch veröffentlichte. Zur Feststellung des Gewichts schreibt er:

»Ehe ich mich zu dem Unternehmen des Transportes anschickte, wollte ich mich vergewissern, wieviel der (23 m hohe) Obelisk wiegt. Ich ließ ein palmo (21,7 cm) von derselben Steinart würfelförmig behauen und fand, daß dieser Würfel 86 Pfund wog ... Ich ermittelte, daß besagter Obelisk auf ein Gewicht von 963 537 $^{35}/_{48}$ Pfund kommt (= 327 t) ...

Ich überlegte nun, daß ein Göpel mit guten Seilen und Flaschenzügen etwa 20 000 Pfund hebt und daß daher 40 Göpel 800 000 Pfund heben würden. Für den Rest (von 163 537 Pfund) dachte ich fünf Hebel aus starken Balken anzuwenden, jeder 13 m lang, so daß ich nicht nur genug Kraft, sondern noch einen Überschuß hätte. Auch konnte man bei meiner Anordnung immer leicht Maschinen zufügen, wenn die ersten nicht genügen sollten ...«

Was die Bewegung des Obelisken anging, so war Fontanas Grundgedanke, den Obelisken in ein riesiges Balkengerüst zu stellen – wie dies ja in seinem Modell auch schon deutlich wurde – und ihn dann mit Hilfe von vierzig Göpeln (Winden mit einer senkrechten Drehachse) und der gleichen Anzahl Flaschenzügen zunächst einmal anzuheben. Alsdann sollte er auf eine auf Rollen laufende Plattform niedergelegt, zum neuen Standort gefahren und dort mit Hilfe des gleichen Gerüstes, der Göpel und der Flaschenzüge wieder aufgerichtet werden. Fontana schreibt:

»Um das Gerüst herzustellen, richtete man acht hölzerne Säulen oder Pfosten auf, vier auf der einen und vier auf der gegenüberliegenden Seite des Obelisken, je 1,08 m voneinander entfernt. Jede Säule bestand im Querschnitte aus vier Balken von je 49 cm Dicke, so daß jede Säule nahezu einen Meter dick war. Die Balken waren so miteinander verbunden, daß die Stoßfugen nicht zusammentrafen. Sie waren an vielen Stellen durch eiserne Bolzen mit Schließen verbunden, so daß man sie leicht wieder auseinandernehmen konnte ... Rings um diese acht Säulen waren 48 Streben gestellt ... Dieses Gerüst war so fest, daß man das größte Gebäude darauf hätte stellen können. An seinem oberen Ende wurde es aber noch durch vier Spannseile (die schräg nach der Erde herabliefen, wo sie verankert wurden, und die durch Flaschenzüge gespannt wurden) gehalten. Auf die Träger (oben auf den Säulen) wurden fünf starke Balken gelegt, jeder 6,51 m lang und nach jeder Richtung mehr als 65 cm dick, an welchen zwischen Trägern 40 Flaschenzüge aufgehängt wurden, die man durch die 40 Göpel bewegte ...

Den Obelisken bedeckte man zunächst mit doppelten Binsenmatten, damit er nicht verletzt würde. Darüber wurden Bohlen von 54 mm Dicke gelegt. Über diese legte man auf jeder Seite des Obelisken drei eiserne Längsstäbe von 108 mm Breite und 54 mm Dicke, deren untere umgebogene Enden unter den Obelisken faßten, da er auf bronzenen Knäufen stand.

Diese Eisenstäbe reichten bis zum oberen Drittel der Höhe an dem Obelisken hinauf, indem sie aus mehreren scharnierartig verbundenen Stücken zusammengesetzt waren. Sie wurden von neun auf ihre Länge ungefähr gleichmäßig verteilten Bändern aus demselben Eisen umschlossen ... Das Eisenwerk dieser Verkleidung wog 13333 kg, die Bohlen, Flaschenzüge und Seile etwa ebensoviel, so daß der Obelisk mit dieser Armatur etwa 348000 kg wog. Während man ihn armierte, wurde der Platz geebnet, die Göpel wurden aufgestellt, die Flaschenzüge aufgehängt und mit den Göpeln verbunden. Und damit diejenigen, welche mit der Überwachung des Gerüstes beauftragt waren, sofort erkennen könnten, welcher Göpel zurückgeblieben oder vorausgeeilt war, ließ ich alle Göpel mit Nummern zeichnen und ebenso die zugehörigen Leitrollen und Flaschenzüge, so daß man jedesmal, wenn es nötig war, von der Spitze des Gerüstes aus einen Wink geben konnte, welcher Göpel nachgelassen oder mehr angezogen werden müsse, und daß die Aufseher der Göpel ohne die geringste Verwirrung in jedem Moment diesen Befehlen entsprechen konnten ... Nachdem alle Göpel gekennzeichnet waren, ließ man einen nach dem anderen von drei bis vier Pferden ziehen, um die Kraftäußerungen der Pferde in Übereinstimmung zu bringen, indem man nach je drei bis vier Umgängen revidierte, bis sie alle gleichmäßig anzogen. Dieses Ziel erreichte man am 28. April 1586.« (Im Original heißt es 1585. Doch muß es sich hier wohl um einen Druckfehler handeln, da das »Privileg« des Papstes bereits auf den 5. Oktober 1585 datiert war.)

Zwei Tage später, am 30. April, war es soweit, der Obelisk sollte angehoben und umgelegt werden. Ganz Rom war auf den Beinen. Niemand, der sich dieses Spektakel entgehen lassen wollte. Der Papst hatte strengste Strafen denjenigen angedroht, die durch Lärm, Unruhe oder auch nur durch Sprechen die Arbeit stören würden. Seinem Architekten soll er während der vorhergehenden Messe zugeflüstert haben – einige glauben gar, beim abschließenden Segen –, daß er ihm bei Mißlingen des Unternehmens den Kopf abschlagen lasse. Fontana wußte sich darauf einzustellen: An allen Toren Roms ließ er insgeheim gesattelte Pferde bereithalten, um im Falle eines Fal-

15. Demontage und Wiederaufrichtung des Vatikanischen Obelisken, 1586. Gesamtansicht. Zeitgenössischer Kupferstich.

les diesem unfreundlichen Akt zuvorzukommen. Verbürgt ist diese Geschichte nicht. Doch in Rom wurde sie zur entsprechenden Zeit genüßlich kolportiert. Für die klatschsüchtigen Römer spielte der Wahrheitsgehalt dieser Geschichte auch keine so große Rolle. Ihnen genügte es völlig, daß sie hätte wahr sein können. Und dies muß ihrer Meinung nach wohl der Fall gewesen sein. Schließlich hatte ihr Papst den schönen Beinamen »Il terrible«, der Schreckliche. Fontana schreibt über diesen Tag:

»Da unendlich viel Volk zusammenlief, um ein so merkwürdiges Unternehmen anzusehen, wurden, um Unordnung zu vermeiden, die Straßen abgesperrt, die über den Platz führten, und eine Bekanntmachung erlassen, daß an dem zur Hebung des Obelisken bestimmten Tage außer den Arbeitern niemand in die Schranken eintreten dürfe. Wer mit Gewalt eindränge, würde mit dem Tode bestraft. Ferner dürfe keiner die Arbeiter hindern, keiner dürfe sprechen, disputieren oder irgendeinen Lärm machen, bei schwerer Strafe, damit die prompte Ausführung der Befehle der Bediensteten nicht behindert werde. Zur sofortigen Vollstreckung dieser Verordnung wurde der Hauptmann der Häscher mit seinem Korps innerhalb der Umschließung aufgestellt, so daß, teils wegen der Neuheit der Arbeit, teils wegen der angedrohten Strafen, in der Volksmenge, welche zusammenlief, die größte Stille herrschte ...

Am 30. April, zwei Stunden vor Tagesanbruch, wurden zwei Messen in der Hei-

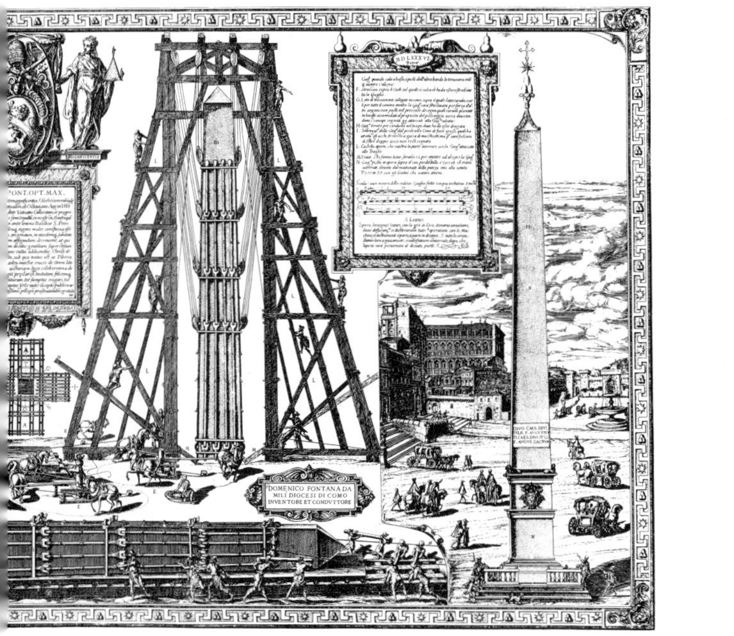

liggeist-Kirche gelesen, damit Gott, zu dessen und des heiligen Kreuzes Ehre dieses merkwürdige Unternehmen ausgeführt werden sollte, ihm seine Gunst schenken und es gelingen lassen möge. Und damit Er die Bitten aller erhöre, gingen sämtliche Arbeiter, Aufseher und Fuhrleute, die bei dem großen Werke zu tun hatten und nach meiner Anordnung tags zuvor gebeichtet hatten, zur Kommunion. Auch hatte unser Herr mir den Tag vorher seinen Segen gegeben und mir anempfohlen, was ich zu tun habe. Nachdem alle kommuniziert hatten und angemessene Reden gehalten worden waren, trat er aus der Kirche in die Umzäunung, und alle Arbeiter wurden an ihre Plätze beordert. Jeder Göpel erhielt zwei Aufseher, deren Anweisung besagte, daß jedesmal, wenn das Signal eines Trompeters gehört würde, den ich auf einem erhöhten Platze aufstellte, so daß er allen sichtbar war, die Göpel in Gang zu setzen seien, und er ein scharfes Auge darauf haben müsse, daß richtig gearbeitet werde; wenn aber der Ton einer Glocke erklinge, die oben an dem Gerüst aufgehängt war, müsse er sofort haltmachen lassen. Innerhalb einer Umzäunung am Ende des Platzes stand der Chef der Fuhrleute mit 20 starken Reservepferden und 20 Mann zu ihrer Bedienung. Außerdem hatte ich noch acht bis zehn tüchtige Männer auf dem Platz verteilt, die herumgingen und überall nachsahen, daß während der Arbeit keinerlei Unordnung vorkäme. Ferner hatte ich eine Abteilung von 12 Mann angewiesen, die nötigen Reserveseile, Flaschenzüge, Rollen usw. nach Bedarf hin und her zu tragen. Diese waren vor dem Vorratshause auf einem erhöhten Platze aufgestellt, wo sie auf jeden Wink oder Befehl das auszuführen hatten, was ihnen aufgetragen wurde, so daß kein Göpelaufseher seinen Platz zu verlassen brauchte. An jeden Göpel aber hatte ich sowohl Menschen als Pferde gestellt, um ihn zu bewegen, damit erstere ihn mit mehr Vernunft nach dem Befehl der Aufseher regierten, da Pferde allein manchmal stehenbleiben oder sich zu rasch bewegen. Unter dem Gerüste waren zwölf Zimmerleute aufgestellt, welche fortwährend hölzerne und eiserne Keile unter den Obelisken zu schlagen hatten, einesteils um damit heben zu helfen, anderenteils um ihn fortwährend zu unterstützen, so daß er niemals frei hing. Diese Zimmerleute trugen eiserne Helme auf dem Kopfe, um sich zu schützen, wenn ein Gegenstand von dem Gerüste herabfiel. Zur Beobachtung des Gerüstes, der Flaschenzüge und Verschnürung daran bestimmte ich 30 Mann. An die drei Hebel gegen Westen ... stellte ich 35 Mann zur Bedienung und an die gegenüberliegenden zwei Hebel achtzehn Mann mit einem kleinen Handgöpel ...

Nachdem von allen ein Paternoster und Ave Maria gesprochen war, gab ich dem Trompeter das Zeichen, und sobald ein Signal ertönte, begannen die fünf Hebel und 40 Göpel mit 907 Menschen und 75 Pferden zu arbeiten. Bei der ersten Bewegung schien es, als ob die Erde zittere, und das Gerüst krachte laut, indem sich alle Hölzer durch das Gewicht zusammendrückten, und der Obelisk, welcher um 44 cm gegen den Chor von St. Peter hin geneigt gewesen war, stellte sich senkrecht ...

Alsdann fuhr man fort und hob den Obelisken in zwölf Bewegungen um 60 Zentimeter, was genügte, um die Schleife darunterzuschieben und die metallenen Knäufe, worauf der Obelisk gestanden hatte, wegzunehmen. In dieser Höhe wurde daher angehalten und wurden die vier Ecken des Obelisken mit sehr starken Unterlaghölzern, hölzernen und eisernen Keilen unterschlagen. Und als dies geschehen war, wurde mit einigen Mörsern auf dem Gerüste das Signal gegeben, und die ganze Artillerie gab mit lautem Donner das Zeichen der Freude. Und man brachte dem Befehle gemäß das Mittagessen in Körben zu jedem Göpel, damit keiner seinen Posten verlasse ...

Wie erwähnt, wurde der Obelisk während des Hebens von den Zimmerleuten fortwährend unterkeilt, so daß er wie auf einem Piedestal stand. Als dies vollendet war, machte man sich daran, die Knäufe wegzunehmen, wovon zwei nur auf die Oberfläche des Piedestals gelegt waren. Jeder wog 200 Kilo. Einer davon wurde sogleich zu Seiner Heiligkeit dem Papste gebracht, welcher große Freude darüber an den Tag legte …

Der Obelisk war nun umzulegen, was wegen der Größe der Bewegung und der Länge des Steines eine schwierigere Arbeit war als die erste. Zu diesem Zwecke ordnete man die Flaschenzüge und Seile anders an, so daß die Westseite, womit sich der Obelisk auf die Schleife legen sollte, frei blieb …

Die Ausführung dieser Vorarbeiten nahm acht Tage in Anspruch, und am Mittwoch, dem 7. Mai 1586, am Morgen zu guter Zeit, war die ganze Vorrichtung in Ordnung. Am Fuße des Obelisken waren vier Flaschenzüge befestigt, und die sie bedienenden Göpel standen hinter der Sakristei nach Westen. Diese fingen an jenem Morgen zu guter Stunde an sich zu drehen und den auf einer Schleife,

16. Fontana, »Della transportatione dell' Obelisco Vaticano«: Niederlegung des Obelisken.

die auf Walzen lief, ruhenden Fuß des Obelisken zu sich herzuziehen, während die anderen festgestellten Göpel ihre Seile nachließen ...

Als er in der Hälfte des Niederganges war, fing er an von selbst auf den Walzen nach hinten zu rutschen, und es war daher nicht mehr nötig, ihn in dieser Richtung zu ziehen, sondern im Gegenteil einen Flaschenzug in entgegengesetzter Richtung am Fuße anzubringen, um ihn nach Gefallen des Aufsehers zu regieren. Um zehn Uhr abends lag er wohlbehalten und ohne daß irgend jemand verletzt worden wäre auf der Schleife, welche unter ihn gezogen worden war. Dies erfuhr unser Herr mit größter Befriedigung, und das ganze Volk empfand eine solche Freude darüber, daß der Architekt mit Trommel- und Trompetenschall nach Hause geleitet wurde ...

Da man den Obelisken von dieser Stelle bis zu seinem neuen Standorte auf eine Entfernung von 300 Ellen transportieren mußte und man durch Nivellement fand, daß der neue Standort um 8,68 m tiefer lag als der Platz, wo er seither gestanden (also in gleicher Höhe mit der Oberfläche des alten Fundaments), machte man einen ebenen Damm (d.h. einen Damm mit horizontaler Krone) von dem alten bis zu dem neuen Standorte, indem man die Erde dazu hinter den Gebäuden von St. Peter aus dem Monte Vaticano entnahm. Unten machte man ihn, bei 10,85 m Kronenbreite und 8,03 m Höhe, 21,7 m breit. Um den Standort des Gerüstes herum machte man ihn oben um 20,61 m und am Fuße um 27,12 m breiter. Man verkleidete ihn mit Balken und stützte diese durch Pfosten und Streben, zog auch an vielen Stellen Balken quer durch, damit er nirgends dem großen Drucke nachgebe ...«

Alles war gutgegangen. Auch die Fahrt über den neuerbauten Damm zum Petersplatz ging ohne Komplikationen vor sich. Es dauerte dann noch vier Monate, ehe man an die Wiederaufrichtung des Obelisken gehen konnte. Bis dahin hatte man hinreichend mit den verschiedensten Vorarbeiten zu tun, insbesondere auch mit den Arbeiten an dem neuen Fundament. Die drei Steinblöcke, die mit dem Obelisken aus Ägypten gekommen waren und die ihm bisher als Fundament gedient hatten, fanden wieder entsprechende Verwendung. Auch die Bronzekrallen, die den Obelisken

17. Fontana, »Della transportatione dell' Obelisco Vaticano«: Transport des Obelisken.

an den vier Ecken gehalten hatten, von Fontana in seinem Bericht als »Knäufe« bezeichnet, wovon einer dem Papst überbracht worden war, wurden wieder verwendet. Natürlich hatte man bei der Demontage auch die Kugel, die den Obelisken bis dahin auf der Spitze verschönerte, das »memoria Caesaris«, genau untersucht, aber man hatte nichts gefunden, keine Asche, die Kugel war leer.

Wer sich für den alten Platz des Obelisken interessiert, für die Stelle, an der er über 1500 Jahre im Circus des Nero gestanden hat, der kann ihn leicht finden. Vorbei an den Wachen der Schweizergarde, gelangt man nach etwa hundert Metern auf die Piazza Protomartiri. Hier, hinter dem linken Glockenturm der Basilika, findet sich auf dem Boden eine eingelassene Marmorplatte, die den alten Standort des Obelisken genau markiert. Die Inschrift lautet: SITO DELL' OBELISCO VATICANO FINO ALL'ANNO MDLXXXVI.

Um der Chronistenpflicht zu genügen, bleibt noch eine Geschichte anzumerken, für die es wiederum keinen Wahrheitsbeweis gibt, die sich aber nicht minder hartnäckig behauptet, wie die vom schrecklichen Sixtus, der seinem Architekten den

Kopf abschlagen wollte, die Geschichte vom Seemann Bresca und seinem beherzten Zuruf: »Wasser auf die Seile!« Dem Seemann Bresca, so wird erzählt, war während des Niederlegens des Obelisken aufgefallen, daß sich inmitten der verwirrenden Anzahl von Seilen, Flaschenzügen und Winden ein Seil besonders stark erhitzte, so daß die Gefahr des Zerreißens bestand. Ungeachtet der strikten Anordnung, daß während der schwierigen Arbeiten niemand sprechen durfte, rief der Seemann Bresca dennoch lautstark nach Wasser, von Berufs wegen wohl wissend, daß Wasser ein erhitztes Seil wieder zusammenzieht. Der Papst, dem das mutige Auftreten des Seemanns gefiel, stellte ihm daraufhin einen Wunsch frei. Bresca bat darum, alljährlich zu Palmsonntag für die Feierlichkeiten im Petersdom und in den anderen Hauptkirchen Roms die Palmblätter liefern zu dürfen. Der Papst entsprach diesem Wunsch, und Bresca wurde dadurch ein wohlhabender Mann. Dieses Privileg soll sogar auf seine Familie übergegangen sein und Gültigkeit haben bis auf den heutigen Tag. Und dann soll dem Seemann Bresca noch eine ganz besondere Art päpstlichen Wohlwollens widerfahren sein: er durfte auf seinem Schiff die päpstliche Flagge führen.

Für die Aufrichtung des Obelisken bestimmte der Papst den 10. September, einen Mittwoch. Sixtus V. hielt diesen Tag für glückbringend. Außerdem feierte man an diesem Tag das Fest der Kreuzerhöhung. Wieder fand sich eine Unmenge Volk ein, wieder wurde absolutes Stillschweigen angeordnet, wieder setzten sich die Winden in Bewegung, gezogen von hundertvierzig Pferden, »daß man meinte, die Erde selbst bräche auseinander und der Himmel öffne sich«. Es war ein »sehr schönes Schauspiel in vielen Beziehungen«, wie Fontana schreibt. Doch davon soll er noch einmal selbst erzählen:

»Am 10. September 1586, da alles an seiner Stelle stand, vor Tagesanbruch, wurden in der Kirche im Palaste des Priorates zwei Messen gelesen, und jeder, der zu arbeiten hatte, ging zur Kommunion, wie bei der Niederlegung geschehen war, und bat Gott um guten Erfolg. Man stellte jeden an seinen Platz. Bei Tagesanbruch war alles in Ordnung, und man begann mit 40 Göpeln, 140 Pferden und 800 Mann zu arbeiten, mit denselben Trompeten- und Glockensignalen zum Arbeiten und Stillehalten wie zuvor. Während die Spitze des Obelisken sich hob, wurde sein Fuß durch vier Göpel, die auf der gegenüberliegenden Seite standen, angezogen, so daß die Seile, die die Spitze aufzogen, immer senkrecht blieben. Die zu hebende Last verminderte sich immer mehr, je mehr die Spitze sich hob und der Fuß daruntergezogen wurde. Als der Obelisk halb aufgerichtet war, hielt man inne und unterstützte ihn, um die Arbeiter zu Mittag essen zu lassen. Nach dem Essen begab sich jeder wieder mit großem Eifer an die Arbeit. In 52 Bewegungen wurde der Obelisk aufgerichtet, und es war ein sehr schönes Schauspiel in vielen Beziehungen. Unzählig viel Volk war zusammengelaufen, und viele blieben, um ihren Platz zum Sehen nicht zu verlieren, ohne Mittagessen bis zum Abend stehen. Andere machten Tribünen für die Leute, die zusammenströmten, und verdienten viel Geld. Bei Sonnenuntergang stand der Obelisk aufrecht, aber die Schleife, welche, während er sich hob, darunter gezogen worden war, war noch darunter. Sofort gab man mit Böllern auf dem Gerüste das Signal hiervon, was durch viele Geschütze beantwortet wurde, und die ganze Stadt war in großer Freude. Bei dem Hause des Architekten liefen wieder alle Trommler und Trompeter von Rom zusammen und ließen ihren Applaus erschallen. Als von dem Gerüste die Freude verkündet wurde, befand sich Seine Heiligkeit in einer Sitzung, da er sich von Monte Cavallo nach St. Peter begeben hatte, um den Gesandten von Frankreich in öffentlichem Konsistorium zu empfangen. Hier wurde Seiner Heiligkeit die Nachricht überbracht, daß der Obelisk aufgerichtet sei, was ihn mit großer Freude erfüllte.

Die sieben folgenden Tage gingen darauf, die Göpel umzusetzen und die Flaschenzüge an allen vier Seiten des Obelisken zu befestigen, um ihn adjustieren zu können ... An dem Tage, der zum Wegnehmen der Schleife bestimmt war, fing man damit an, die Göpel anzuziehen und die Hebel niederzuziehen, so daß sich der Obelisk ein wenig hob, und sofort wurde er, da sein Fuß breiter war als die Schleife, von den Zimmerleuten mit Keilen so unterschlagen, daß man die Schleife herausziehen konnte. Dann setzte man die bronzenen Knäufe an ihre Stellen und bleite diejenigen, welche Zapfen hatten, ein. Nachdem dies geschehen war, zog man an demselben Tage die Göpel wieder an und die Hebel nieder, schlug einen Keil nach dem anderen heraus und ließ den Obelisken allmählich nieder, so daß er an demselben Abende noch auf die Knäufe zu stehen kam; aber da es zu spät war, konnte man ihn nicht mehr adjustieren. Am folgenden Tage stellte man ihn senkrecht ... Alsdann machte man sich daran, den Obelisken zu desarmieren oder abzuräumen. Am 27. September wurde er frei, und unser Herr befahl, daß man eine Prozession veranstalte, um den Obelisken zu segnen und das goldene Kreuz darauf zu weihen.«

Und damit war es geschafft. Das heroische Unternehmen hatte seinen erfolgreichen Abschluß gefunden. Man konnte aufatmen. Das Kreuz, das goldene Kreuz auf der Spitze des alten Wüstenmenhir, hatte gesiegt. Erst jetzt, mit diesem Kreuz, waren die bösen Geister gebannt, waren die Mühen, den Obelisken zu den »Schwellen der Apostel« zu bringen, überwunden, hatte der Löwe von Juda gesiegt, wurde Christi Sieg und Herrschaft verkündet – so besagen es dem Inhalt nach die von Papst Sixtus V. verordneten Inschriften auf der Basis des Obelisken und auf der Spitze, unterhalb des Kreuzes. Das theologische Konzept der Aufrichtung: Der Obelisk als verbindendes Element von Himmel und Erde. Eingebunden darin das Wappen des Papstes, der Dreiberg und ein Stern. Der Dreiberg steht für die Berge Israels, der Stern für Maria – den Stern der Sterne, Stella stellarum –, der Mittlerin zwischen dem Volk der Kirche und Christus mit dem Kreuz.

Domenico Fontana wurde von Sixtus hoch geehrt. Sein Name findet sich auf der Basis des Obelisken, und zwei Schaumünzen wurden ihm zu Ehren geprägt. Außerdem ernannte ihn der Papst zum »Cavaliere dello sprono d'oro«, zum Ritter vom goldenen Sporn. Fünftausend Scudi erhielt er als Belohnung, dies waren etwa fünfundzwanzigtausend Goldmark, und dazu eine Jahresrente von zweitausend Scudi. Außerdem durfte er das gesamte Material behalten, das bei den Arbeiten verwendet worden war. Den Materialwert rechnete man noch mal auf gut zwanzigtausend Scudi. Sixtus zeigte sich von der besten Seite.

Domenico Fontana avancierte zu seinem Lieblingsarchitekten. Noch drei Obelisken wird Fontana für ihn aufstellen. Er wird maßgeblich beteiligt an den Monumentalbauten des Lateran und des Quirinal. Er baut die Vatikanische Bibliothek, die Grabkapelle des Sixtus an der S. Maria Maggiore, und auch an der Peterskuppel hat er seinen Anteil, zusammen mit della Porta. Der Obelisk des Augustus und Tiberius, des Caligula und des Nero, er hatte ihm wahrlich Glück gebracht. Nach dem Tode von Papst Sixtus jedoch erlischt sein Stern. Bei dessen Nachfolgern ist er nicht mehr gefragt. Die am päpstlichen Hof üblichen Intrigen, unter denen er schon zur Zeit des Sixtus gelitten hatte, nehmen überhand. Man wirft ihm gefälschte Bauabrechnungen vor und legt ihm schließlich nahe, Rom zu verlassen. Tief gedemütigt geht Fontana nach Neapel. Hier wird er am königlichen Hof mit großen Ehren aufgenommen, und hier hat er auch noch einige Zeit als Baumeister gearbeitet. In Neapel ist er auch gestorben. Rom hat ihn nie wiedergesehen.

*

Inschriften des Obelisken von St. Peter:

SIXTVS V PONT MAX
OBELISCVM VATICANVM
DIS GENTIVM
IMPIO CVLTV DICATVM
AD APOSTOLORVM LIMINA
OPEROSO LABORE TRANSTVLIT
ANNO M D LXXXVI PONT II

Sixtus V., Pontifex Maximus, hat im Jahre 1586, im zweiten Jahr seines Pontifikates, den Vatikanischen Obelisken, der den Göttern der Heiden durch unfrommen Kult geweiht war, in mühevoller Arbeit zu den Schwellen der Apostel bringen lassen.

*

SANCTISSIMAE CRVCI
SIXTVS V PONT MAX
SACRAVIT
E PRIORE SEDE
AVVLSVM
ET CAESS AVG AC TIB
I L ABLATVM
M D LXXXVI

[Nachdem dieser Obelisk] während der Regierungszeit der Kaiser Augustus und Tiberius von seinem früheren Standort herausgerissen und von jenem Ort weggebracht worden war, hat ihn Sixtus V., Pontifex Maximus, im Jahre 1586 dem heiligsten Kreuz geweiht.

*

CHRISTVS VINCIT
CHRISTVS REGNAT
CHRISTVS IMPERAT
CHRISTVS AB OMNI MALO
PLEBEM SVAM
DEFENDAT

Christus siegt. Christus regiert. Christus befiehlt. Möge Christus sein Volk vor allem Übel schützen.

DER OBELISK AN S. MARIA MAGGIORE

Es wurden zwei Leichenreden auf ihn gehalten, die eine von Tiberius vor dem Tempel des vergöttlichten Julius (Caesar), die andere von dem Sohn des Tiberius, Drusus, auf der alten Rednertribüne des Forums.

Senatoren trugen die Leiche auf ihren Schultern zum Marsfeld, wo die Verbrennung vor sich ging. Es fand sich auch ein Mann – er stand im Range eines Praetors –, der eidlich bezeugte, er habe die Gestalt des Verbrannten zum Himmel emporsteigen sehen. Seine sterblichen Reste sammelten die vornehmsten Mitglieder des Ritterstandes, in der bloßen Tunika, ohne Gürtel und mit nackten Füßen, und setzten sie im Mausoleum bei.

Diesen Bau hatte Augustus zwischen der Flaminischen Straße und dem Tiberufer in seinem sechsten Konsulat [28 v. Chr.] errichtet und die darum angelegten Parks und Promenadenwege schon damals zur Benutzung dem Volke freigegeben.«

So der römische Schriftsteller Sueton über die Beisetzung des Kaisers Augustus im Jahre 14 n. Chr.

18. Das Mausoleum des Augustus. Stich um 1500.

Das Grab des Augustus bietet heute einen trostlosen Anblick. Von Unkraut überwuchert, verwahrlost und verschmutzt, ist das Mausoleum, das außer Augustus noch vier andere römische Kaiser aufnahm – Tiberius, Caligula, Claudius

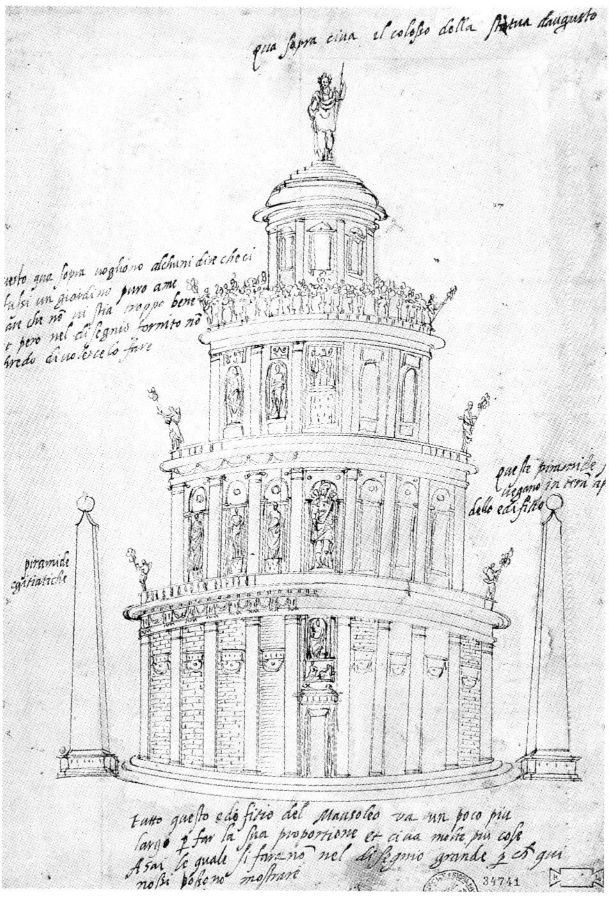

19. Pirro Ligorio, Rekonstruktion des Augustus-Mausoleums nach der Phantasie.

und Nerva –, wahrlich keine Zierde der Stadt. In dem rundumlaufenden Graben sieht man ab und an ein selbstvergessenes Liebespaar, gelegentlich ein, zwei Besucher, deren Entdeckerinitiativen spätestens vor dem gitterversperrten Zugang des Mausoleums enden, ein paar herrenlos streunende Katzen, hoffend auf eine mitleidige Seele mit dem begehrten Fischabfall, das ist auch schon alles.

Vorbei die Zeit, als hier, wenn auch zweckentfremdet, Stierkämpfe stattfanden, Zirkusspiele, Feuerwerke, Konzertveranstaltungen und was sich sonst noch im Laufe der langen Zeit getan hat. Eine eigentümlich drückende Atmosphäre lastet auf diesem Ort, inmitten des lärmerfüllten, hektischen Roms.

Halten wir uns an die alten Tage. Das Mausoleum, nach etruskischem Vorbild konzipiert, dem Tumulusgrab, war ein kreisrunder Steinbau mit einem kegelförmigen, zypressenbewachsenen Erdhügel, auf dessen Spitze die vergoldete Statue des Kaisers stand. Rechts und links des Eingangs waren Tafeln mit dem politischen Rechenschaftsbericht des Augustus aufgestellt, der Res Gestae. Die Tafeln gingen zwar verloren, aber der Text blieb erhalten. Man kann ihn, so man will und die Lateinkenntnisse dies erlauben, an der Außenmauer des dem Mausoleum gegenüberliegenden Augusteischen Friedensaltars, der Ara Pacis, nachlesen.

Gleichfalls vor dem Eingang des Mausoleums standen zwei Obelisken, die allerdings erst einige Zeit nach dem Tod des Augustus aufgestellt wurden. Wann genau, das weiß man nicht, so wie man auch nicht weiß, wer sie aufgestellt hat, wie lange sie standen und wann sie umgestürzt sind. Der Geschichtsschreiber Ammianus Marcellinus berichtet im 4. Jahrhundert lediglich, beide Obelisken seien nach Augustus nach Rom gekommen. Unklar ist auch, ob es sich um römische Nachbildungen oder um ägyptische Originale handelt. Da die Obelisken nicht beschriftet sind, also keine Hieroglyphen tragen, fällt die Zuordnung schwer. Einer Theorie folgend, soll Kaiser Domitian sie vor dem Mausoleum aufgestellt haben, 75 Jahre nach dem Tod des Augustus. Nach einer anderen Theorie sind sie zur Zeit des Todes von Kaiser Vespasian errichtet worden. Und noch etwas anderes ist unklar: beiden Obelisken fehlt das Pyramidion, die abgeschrägte Spitze, warum und weshalb, auch das weiß niemand. Es ist gelegentlich die Rede davon, daß das Mausoleum mit den beiden Obelisken als eine Nachahmung der Tempelanlage des Caesar in Alexandrien zu verstehen sei. Augustus hatte vor diesen Tempel, dem Caesarium, im Gedenken an den vergöttlichten Caesar zwei Obelisken aufstellen lassen, die sogenannten »Nadeln der Kleopatra«.

20. Kopf des Augustus. (Lothar-Kreuz, Domschatzkammer Aachen.)

Sie stammten aus dem Sonnenheiligtum von Heliopolis. Als Augustus sie nach Alexandrien bringen ließ, hatten sie schon an die 1500 Jahre Tempeldienst hinter sich. 2000 Jahre später schwimmt einer von

21. Die Aufrichtung der »Nadel der Kleopatra« in New York 1881.

ihnen in einem Metallzylinder verpackt durch den Atlantik und landet nach einer abenteuerlichen Reise in London, wo er am Victoria Embankment aufgestellt wird, oberhalb der Waterloo Bridge, zur Erinnerung an den Sieg Nelsons über die napoleonische Flotte bei Abukir. Um ihn bei Beginn seiner Reise überhaupt auf den Nil bringen zu können, wurden die im Weg stehenden Häuser einfach in die Luft gesprengt, eingeschlossen die Reste des antiken Caesarium. Der zweite Obelisk ging nach New York, ein »Geschenk« Ägyptens an die Amerikaner anläßlich der Eröffnung des Suezkanals. Er steht heute im Central Park.

Ob sich Kaiser Augustus das Caesarium in Alexandrien mit den »Nadeln der Kleopatra« wirklich als Vorbild für sein eigenes Mausoleum in Rom vorgestellt hat, dies ist eher unwahrscheinlich. Es müßten sich sonst Anhaltspunkte dafür finden lassen. Gelegenheit, sich darauf einzurichten, hatte er ja durchaus. Schließlich gehen die beiden ersten Obelisken, die aus Ägypten nach Rom kamen, auf sein Konto. Doch fanden die »Zeichen des Sieges« anderweitig ihren Platz. Einen von ihnen ließ er auf der Spina des Circus Maximus errichten, den anderen auf dem alten Marsfeld.

Diese beiden Obelisken waren für Augustus wirkliche Zeichen des Sieges. Nach der entscheidenden Schlacht bei Actium war er Kaiser des römischen Imperiums

22. Die »Nadel der Kleopatra« am Themse-Ufer in London.

geworden, ein Titel, der erstmalig in Rom vergeben wurde. Ganz Ägypten und die enormen Einnahmen aus diesem reichen Land, so wissen die Chronisten zu berichten, zählten zu seinem Privatvermögen. Und doch habe der an Rheuma und Schlaflosigkeit leidende Kaiser bescheiden gelebt. Zeit seines Lebens sei er kränklich gewesen, und seine Frau Livia habe ihm eigenhändig seine »Leibchen« gestrickt und seine Togen gewebt. Liebenswürdig-Menschliches über einen Kaiser, unter dessen Ägide Rom gewaltig aufblühte und der dem römischen Imperium etwas zu geben vermochte, was es bis dahin kaum kannte: Frieden.

Zur Zeit seiner Regierung erhielt Rom ein neues Gesicht. Wasserleitungen und Brunnen wurden angelegt, neue Straßen gebaut, prächtige Bauwerke entstanden. Seine Anstrengungen um die Stadt sind ähnlich denen Sixtus' V., der gut 1500 Jahre später in gleicher Weise aktiv werden wird. Hier zeigen sich Parallelen, sosehr sich die beiden Männer in der Methode auch unterschieden. Ging es Sixtus nie schnell genug, so ließ sich Augustus für seine Projekte Zeit. Sein Wahlspruch: »Was gut gemacht wird, geschieht auch immer schnell genug.«

Doch zurück zu den beiden Obelisken vor dem Mausoleum. Sie waren lange Zeit verschüttet. Man wußte zwar um sie, aber man war wohl nicht sehr interessiert an ihnen. Erst 1519, unter Papst Leo X., wurde der ehemals links vor dem Eingang stehende Obelisk ausgegraben. Ob bei dieser Gelegenheit der zweite auch kurz ans Licht kam, ist nicht bekannt. Ausgegraben wurde er jedenfalls nicht. Andreas Fulvio vermerkt 1527 in seinen »Antiquitates Urbis« ausdrücklich: »... der andere ist nicht ausgegraben neben der Kirche S. Rocci.« (Die Kirche S. Rocco liegt unmittelbar neben dem Mausoleum.) Dieser Obelisk hatte noch mal zweihundertfünfzig Jahre Zeit bis zu seiner Wiederbelebung. Papst Pius VI. ließ ihn 1786 auf dem Quirinalhügel aufstellen, zwischen die Kolossalstatuen des Castor und Pollux mit ihren Rössern.

Den ausgegrabenen Obelisken Leos X., bzw. die Fragmente – er war in drei Stücke zerbrochen –, schaffte man zur Hafenstraße, der heutigen Via Ripetta. Und dort ließ man ihn erst einmal liegen, als ein Verkehrshindernis erster Ordnung. Siebenundsechzig Jahre lang lagen die schweren Obeliskenbrocken mitten auf der Straße, zum Ärger der Anwohner und Händler. Ob Papst Leo X. die Lust an ihm verloren hatte, ob ihm das Geld dafür ausgegangen war, welche Gründe es auch gewesen sein mögen, man weiß es nicht. Erst 1586 ging es weiter, Papst Sixtus V. nahm sich seiner an. Er ließ den Obelisken auf den Esquilino bringen, hinter die Apsis der Basilika S. Maria Maggiore.

Der Historiker Mercati berichtet, der Papst habe während des Transportes und der Vorbereitung für die Aufstellung des Obelisken auf dem Esquilino Felsen wegschlagen und Häuser abreißen lassen. Dies aber auch, so merkt er an, um von seiner Villa aus, die nahe bei der S. Maria Maggiore gelegen war, den Obelisken besser sehen zu können und von seinem Garten aus direkten Zugang zu ihm zu haben. Villa und Garten des Sixtus muß man sich heute in Richtung Stazione Termini vorstellen.

S. Maria Maggiore war die Lieblingskirche des Papstes. Ihre Entstehung wird auf ein Wunder zurückgeführt. Im Jahre 352 soll Papst Liberius im Traum die Mutter Gottes erschienen sein und ihm befohlen haben, an der Stelle des Esquilino, an der er am anderen Morgen, es war der 5. August, Schnee finden werde, eine Kirche zu bauen. Der Überlieferung nach wurde der Schnee gefunden, und die Basilika entstand genau an dieser Stelle. In Erinnerung daran wird hier noch immer alljährlich am 5. August das Fest »Maria Schnee« gefeiert.

S. Maria Maggiore hat sich den Charakter einer frühchristlichen Basilika bewahrt, obwohl sie mehrfach umgebaut wurde. Vielen Rombesuchern gilt sie mit der Fülle ihrer antiken Säulen, dem Marmorboden der Cosmaten, den prachtvollen Mosaikarbeiten, der Kassettendecke, »geschmückt mit dem ersten Gold Amerikas«, als die schönste Kirche der Stadt.

Vor den Stufen des Hochaltars findet sich eine unscheinbare Grabplatte, die darauf hinweist, daß hier die »noble Familie Bernini ihre Auferstehung erwartet«. Am 28. November 1680 wurde der große Gian Lorenzo Bernini beigesetzt, still und unauffällig, »um die zweite Nachtstunde« und im spärlichen Licht von »nur vier Fackeln«.

Die Aufrichtung des Obelisken geschah in großer Eile. Tag und Nacht wurde auf Anordnung des ungeduldigen Sixtus gearbeitet. Einige Zeit ging verloren, weil nicht ad hoc über die Gerüste und Flaschenzüge für die Aufstellung verfügt werden konnte – dieselben, die man auch für die Aufstellung des vatikanischen Obelisken gebraucht hatte –, die Geräte wurden noch auf dem Caelius benötigt, im Garten der Villa Celimontana, wo um die gleiche Zeit ebenfalls ein Obelisk aufgerichtet wurde, der »Obeliscus Capitolinus«.

Am 11. August 1587 konnte dem Obelisken an der S. Maria Maggiore das Kreuz aufgesetzt werden. Zwei Tage später wurde er exorzisiert und geweiht. Auf der Westseite des Sockels ließ der Papst die Inschrift anbringen:

»Sixtus V., souveräner Pontifex, befahl, daß dieser Obelisk, gebracht von Ägypten und dem Augustus in seinem Mausoleum zuerkannt, danach gestürzt, zerbrochen in verschiedene Stücke, liegengeblieben in der Straße bei S. Rocco, daß er hier aufgerichtet wurde, wiederhergestellt in seiner früheren Form und glücklicherweise dem Kreuz geweiht wurde. A.D. 1587.«

Die Kosten für die Aufrichtung waren beträchtlich. Da die Rechnungen noch erhalten sind, kennen wir die genaue Summe: 2939 Scudi bzw. 14690 Goldmark.

Sieht man sich den Obelisken heute an, so fragt man sich, warum er wohl so teuer zu stehen kam. So wie er jetzt aussieht, bie-

23. Piranesi, S. Maria Maggiore mit Obelisk.

tet er eher ein Bild des Jammers. Die grob und schlecht ausgeführten Flickarbeiten, mit verrosteten Metallklammern gerade noch zusammengehalten, die verschmutzten Seitenflächen, die wechselnden und auch nicht eben attraktiven Werbeplakate auf dem vormals weißen Marmorsockel, etwa mit der Aufschrift: »I love Pipino«, dies läßt den ehemaligen Glanz kaum mehr erahnen.

Da ist sein Bruder auf dem Quirinal schon besser dran. Er wird gepflegt, regelmäßig restauriert, und er wird aufmerksam bewacht – steht er doch vor dem Palais des Staatspräsidenten. Niemand käme unter den kritischen Blicken der Wachtposten auf den Gedanken, ihm zu nahezutreten.

Was die Kosten des Obelisken auf dem Esquilino angeht, so bleibt wohl zu bedenken, daß der Transport der schweren Steinbrocken vom Tiberufer über die damals noch unbefestigten Straßen bis hinauf auf den Esquilino-Hügel umständlich und damit entsprechend kostspielig gewesen sein muß. Dann war der Platz für die Aufrich-

tung vorzubereiten, auch ein aufwendiges Unterfangen, wie Mercati schreibt. Und schließlich mußten die Bruchstücke wieder zusammengebracht werden. Das alles mag Probleme verursacht haben, die heute nicht mehr so recht vorstellbar sind. Und auch die Eile, die der Papst mit der Aufstellung hatte, wird ihren Preis gehabt haben.

Mit diesem Obelisken hatte Sixtus V. entsprechend seiner Baupläne für die Stadt einen wichtigen Punkt fixiert. Seinem Vorhaben, die Hauptkirchen durch geradelaufende Straßen miteinander zu verbinden, »ohne Rücksicht darauf, ob sie Hügel oder Täler kreuzten« (Fontana), war er damit ein Stück näher gekommen. Sein nächster Obelisk wird vor der Lateran-Basilika stehen, die von der S. Maria Maggiore aus durch die pfeilgerade Via Merulana zu erreichen ist.

Etwa zehn Kilometer neuer Straßen schaffte der Papst im Laufe seiner fünfjährigen Regierungszeit. Als er 1590 starb – er hatte allzu reich einer Melonenmahlzeit zugesprochen und dazu Wein vermischt mit Schneewasser getrunken –, war sein

24. S. Maria Maggiore mit dem Obelisken um 1860.

25. Papst Sixtus V. Er ist umrahmt von Gedenk-Medaillen, die er zu besonderen Anlässen während seines Pontifikats prägen ließ.

Ziel noch lange nicht erreicht. Vieles von dem, was er sich vorgenommen hatte, blieb ungetan. In Rom aber atmete man auf, hatte man doch befürchtet, daß er noch die halbe Stadt abreißen würde. Man erzählte sich, er habe sogar den Plan gehabt, das Kolosseum in eine Wollspinnerei umzuwandeln.

»Wer nie aufhört zu überlegen, beginnt nie zu handeln.« Papst Sixtus V. hat ganz offensichtlich nach diesem seinem Wahlspruch gelebt.

Sein Grab befindet sich in der Sakramentskapelle von S. Maria Maggiore, der Capella Sistina. Eine lebensgroße Statue zeigt den knienden Papst, wie er sich betend dem Altar in der Mitte zuwendet. Unter diesem Altar befindet sich eine seit früher Zeit verehrte Nachbildung der Geburtsgrotte zu Bethlehem. Sie stand ehemals in der Apsis der Basilika und wurde auf Wunsch des Papstes hierher gebracht. Die Reliefarbeiten im Hintergrund der Papststatue zeigen den Obelisken vor Sankt Peter, die Peterskuppel, die Aqua Felice und auch einige abgeschlagene Banditenköpfe. Gregorovius schreibt über dieses Denkmal: »Wenn es etwas gibt, was dem Betrachter Stille aufnötigen und große

Empfindungen in ihm wecken kann, so ist es das Denkmal dieses erstaunlichen Menschen, der als Kind die Schweine hütete und als alter Mann Völkern und Königen befahl und Rom mit so vielen Werken erfüllte, daß sein Name wie ein Echo von allen Seiten dem Reisenden in die Ohren tönt.«

In seine Grabkapelle ließ Sixtus auch den von ihm hochverehrten Papst Pius V. überführen, ein Mann, der so ganz nach seinem Herzen war, zupackend und dabei unnachgiebig, wenn es um die Einheit der Kirche ging. Er war der Papst, der Elizabeth I. als Häretikerin bannen ließ – und damit in England eine heftige Katholikenverfolgung auslöste – und auf den der Seesieg der Christenheit über die Türken im Golf von Korinth zurückging.

Das Grab Pius V. liegt dem des Sixtus direkt gegenüber. Sein Bildnis ist, gleich dem seines Bewunderers, dem Altar und der Krippe zugewandt.

»Christus, der zu Augustäischer Friedenszeit in der Krippe erschienen ist, hat den Menschen Frieden gegeben durch sein unbesiegbares Kreuz.« Diese Inschrift findet sich auf der nördlichen Seite der Obelisken-Basis. Sixtus verweist hier demonstrativ auf die Menschwerdung Gottes in der Zeit des Augustus, des Friedenskaisers. Und das nicht ohne tieferen Grund. Früh schon war die Rede davon, daß in der Regierungszeit des Kaisers ein »Friedensprinz« erscheinen werde. Bereits Vergil

26. Grabmal Sixtus' V. in der Sakramentskapelle von S. Maria Maggiore.

spricht in seinem vierten Hirtengedicht über ein goldenes Zeitalter, das durch die Geburt eines Kindes heraufkomme, in der Zeit des Augustus. In der mittelalterlichen »Legenda Aurea« heißt es:

»Da die römischen Senatoren ansahen die Gewalt Octaviani (Augustus) des Kaisers, wie er alle diese Welt unter der Römer Herrschaft hatte gebracht, da gefiel es ihnen also wohl, daß sie ihn ehren wollten als einen Gott. Nun erkannte der weise Kaiser, daß er ein sterblicher Mensch war, und wollte den Namen eines unsterblichen Gottes nicht zu sich nehmen; aber da sie nicht aufhörten, ihn mit Ungestüm zu bedrängen, rief er Sibylle, die Weissagerin, herbei und begehrte durch ihre Kunst zu wissen, ob je ein Mensch auf Erden würde geboren werden, der größer sei als er. Nun geschah es, daß der Kaiser auf den Tag der Geburt unseres Herrn seinen Rat gesammelt hatte ob dieser Sache, und war die Sibylle allein in der Kammer des Kaisers bei ihrem Orakel; da erschien um Mittentag ein güldener Kreis um die Sonne, und mitten in dem Kreis die allerschönste Jungfrau, die stand über einem Altar und hielt ein Kind auf ihrem Schoß. Das wies die Sibylle dem Kaiser. Und da der Kaiser über das Gesicht sich sehr verwunderte, hörte er eine Stimme, die sprach: ›Dies ist ein Altar des Himmels.‹ Und Sibylle sprach zu ihm: ›Dies Kind, Kaiser, ist größer denn du, darum sollst du es anbeten.‹ Die Kammer ward danach geweiht in Unserer Lieben Frau Ehre, und heißet noch jetzt Sancta Maria in Ara Coeli. Der Kaiser aber erkannte, daß das Kind größer sei als er, und opferte ihm Weihrauch und wollte hinfort nicht mehr Gott geheißen werden.«

Augustus ein früher, wenn auch heimlicher Christ? Für Sixtus stellte sich diese Frage nicht. Die »Legenda Aurea« erfährt durch ein weiteres Obeliskenzitat von ihm eine entsprechende Variation. Da heißt es kurz und bündig: »Ich bete an den Herrn Christus, den Augustus, als er lebte, anbetete, als er geboren wurde durch die Jungfrau, nachdem Augustus zurückgewiesen hat, Herr genannt zu werden.« Mit der »Anbetung« Christi durch Augustus hatte Papst Sixtus V. die Frage, Augustus ein Christ oder nicht, eindeutig für sich beantwortet. Und den Obelisken vom Grab eben dieses Kaisers hatte er dazu zum Zeugnis bestimmt.

DER OBELISK VOR DEM LATERAN

Im Jahre 330 n. Chr. wird in den Tempelanlagen von Karnak ein Obelisk demontiert, der seit frühester Zeit ob seiner Größe und Wucht höchste Bewunderung hervorgerufen hatte, ja als Weltwunder gefeiert worden war, der vierunddreißig Meter hohe und vierhundertsechzig Tonnen schwere Obelisk des ägyptischen Königs Thutmosis III.

»Ein Heiliger, ein Schurke, ein Abenteurer«, so das schwankende Geschichtsbild des Mannes, der diesen Frevel zu verantworten hatte: Konstantin der Große. Zweitausend Jahre hatte dieser Obelisk vor dem Tempel des Amun Re gestanden – ein Einzelstück, was ungewöhnlich war, da ansonsten Obelisken meist paarweise zusammenstanden –, als ein Denkmal für den »Herrn der Throne beider Länder« und als Zeugnis dafür, daß der König »währet wie Re im Himmel, mächtig an Erscheinung, mächtig an Kraft«. In all dieser Zeit hatte allmorgendlich die aufgehende Sonne das ewige Leben des Königs beschworen, immer wieder und immer wieder hatte der dankbare König Gott Amun Re sein

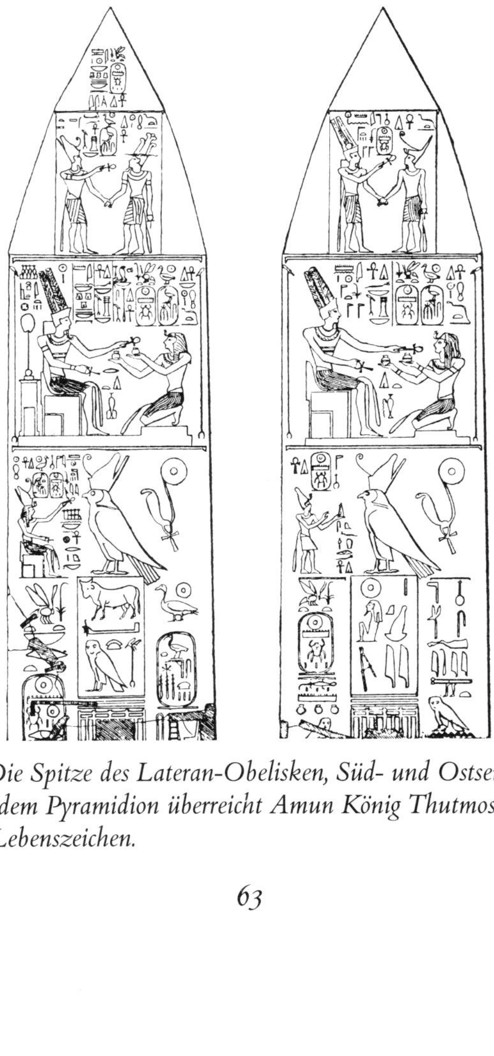

27. Die Spitze des Lateran-Obelisken, Süd- und Ostseite. Auf dem Pyramidion überreicht Amun König Thutmosis III. das Lebenszeichen.

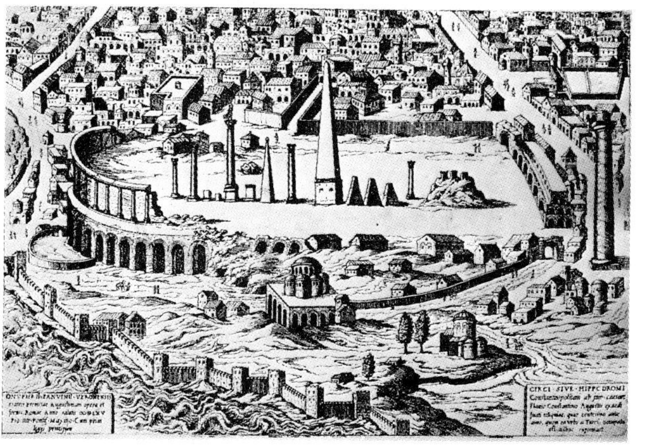

28. Panvinio, Das Hippodrom in Konstantinopel.

Trankopfer bereitet. So zeigen es die Abbildungen unterhalb der Spitze des Obelisken.

Nun sollte er einen neuen Platz erhalten, nach Byzanz wollte man ihn bringen, in das »Neue Rom« am Bosporus. Kaiser Konstantin hatte dort einen Platz für ihn im Hippodrom reserviert, nahe der lorbeerumwundenen Säule, die sein Standbild trug. Unter ungeheuren Anstrengungen wird der schwere Obelisk nach Alexandrien gebracht. Von dort soll es mit dem Schiff weitergehen. Doch kommt der Obelisk über Alexandrien nicht hinaus. Konstantin stirbt, und der Plan wird fallengelassen. Erst siebenundzwanzig Jahre später greift sein Sohn Constantius das Vorhaben wieder auf, wenn auch nicht mit der gleichen Zielrichtung. Constantius nämlich läßt den Obelisken nach Rom bringen, in das »alte« Rom.

Nichtsdestoweniger erhielt auch Byzanz seinen Obelisken. Er kam unter Kaiser Theodosius auf die Spina des Hippodroms, im Jahre 390. Auch dieser Obelisk kam aus Karnak, und auch er war ehedem Thutmosis III. zugeeignet.

So wie Konstantin, der die Aufrichtung seines Obelisken nicht mehr erlebte, war es zweitausend Jahre zuvor dem ägyptischen Pharao Thutmosis III. ergangen, auch er sah seinen Obelisken nicht mehr aufrecht stehen. Als der riesige Monolith aus den Steinbrüchen von Syene mit großer Verspätung in Karnak ankam – die Transportschwierigkeiten hatten alle Zeitpläne durcheinandergebracht –, starb der Pharao. Erst sein Enkel, Thutmosis IV., brachte das Werk zu Ende. Er ließ den Obelisken, »der fünfunddreißig Jahre verbracht hatte auf seiner Seite liegend unter den Händen der Handwerker auf der südlichen Seite von Karnak«, an seinen vorgesehenen Platz bringen und aufrichten. Der Enkel des ägyptischen Pharao und der Sohn des römischen Kaisers, sie waren es, die dem Obelisken jeweils zur Aufstellung verhalfen.

Der Obelisk des Thutmosis war der letzte, der aus Ägypten nach Rom kam. Dabei wäre er fast einer der ersten gewesen. Kaiser Augustus nämlich hatte schon ein Auge auf ihn. Jedoch soll ein bedenklich stimmendes, ungünstiges Auspicium Augustus davon abgehalten haben, den »majestätischen Heiden« zu fällen. Von diesem Auspicium ist zwar auch zu Konstantins Zeiten noch gelegentlich die Rede, also gut dreihundertfünfzig Jahre später, aber Konstantin hat dem wohl nicht mehr die gleiche Bedeutung beigemessen.

Für den Transport des Obelisken von Alexandrien nach Rom ließ Constantius ein mächtiges Schiff bauen. Dreihundert Ruderer bewegten dieses Schiff durch das Mittelmeer und anschließend den Tiber hoch bis drei Meilen vor Rom. Hier setzte man den Obelisken auf Rollen und schob ihn langsam und vorsichtig, Stück für Stück, immer in der Furcht, daß er zerbrechen könnte, über die Via Ostiensis durch die Porta San Paolo stadteinwärts, in Richtung Circus Maximus. Der »majestätische Heide« hielt Einzug ins christliche Rom über den Weg des heiligen Paulus. Und

29. Der Obelisk des Thutmosis III. in Konstantinopel.

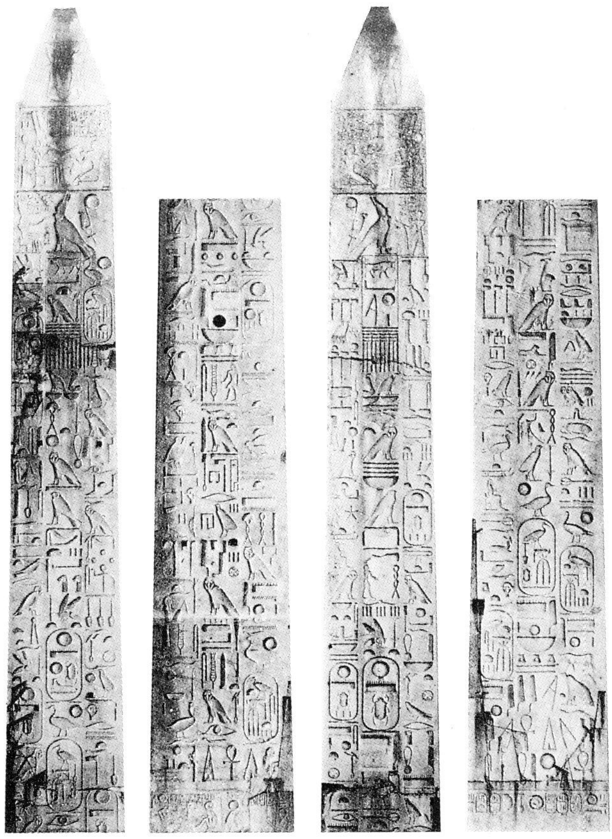

30. Ansichten des Lateran-Obelisken: 1. Oberteil der Südseite, 2. Unterteil der Südseite, 3. Oberteil der Nordseite, 4. Unterteil der Nordseite.

eine »nicht erfaßbare Menschenmenge« gab ihm dabei das Geleit. Angekommen am Bestimmungsplatz, lagen dann erst mal »das Geschenk des Kaisers als auch das Bemühen, es aufzurichten, darnieder«, wie es in der Widmungsinschrift später heißen wird. Vier Jahre dauerte es noch, bis der Obelisk schließlich auf der Spina des Circus Maximus seinen Platz einnehmen konnte.

Nach der Aufrichtung wurde auf der gewaltigen Basis des Obelisken noch einmal seine Geschichte beschworen – in Hexametern. Da ist die Rede von den Sorgen des Transports, von der Bewunderung durch das Volk, vom Ruhm der Aufstellung, der »bis an die Pole schlägt«, und von dem »Geschenk für die immer würdigen Triumphe«. Im Original liest sich das so:

Patris opus munusque suum tibi Roma dicavit
Augustus toto Constantius orbe recepto
Et quod nulla tulit tellus nec viderat aetas
Condidit ut claris exaequet dona triumphis
Hoc decus ornatum Genitor cognominis Urbis
Esse volens Caesar Thebis de rupe revellit

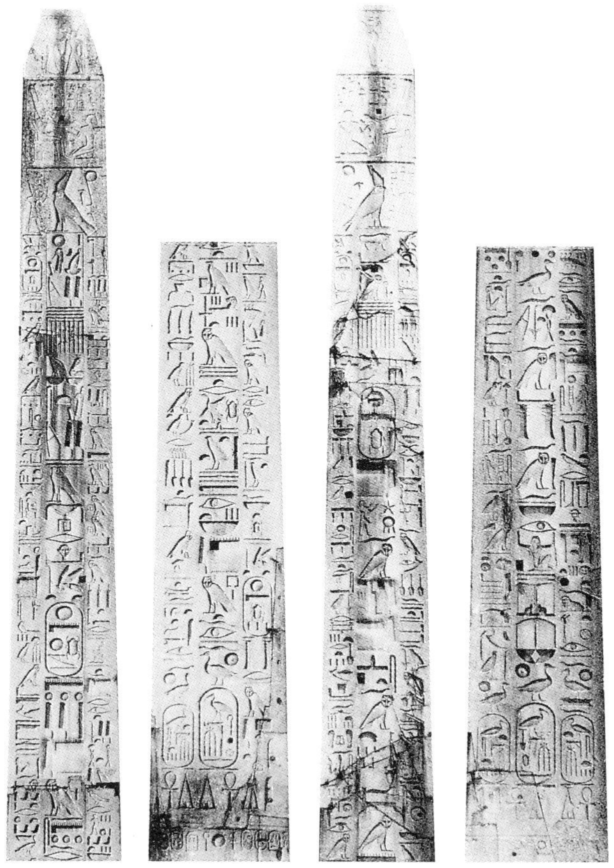

31. Ansichten des Lateran-Obelisken: 1. Oberteil der Ostseite, 2. Unterteil der Ostseite, 3. Oberteil der Westseite, 4. Unterteil der Westseite.

Sed gravior divum tangebat cura vehendi
Quod nullo ingenio nisuque manuque
  moveri
Caucaseam molem discurrens fama
  moneret
At Dominus Mundi Constantius omnia
  fretus
Cedere virtuti terris incedere jussit
Haud partem exiguam montis pontoque
  tumenti

Credidit et placido vecta est velocius Euro
Littus ad Hesperium populo mirante
  carinam
Interea Romam Taporo vastante Tyranno
Augusti jacuit donum studiumque locandi
Non fastu spreti sed quod non crederet
  ullus
Tantae molis opus superas consurgere in
  auras

Nunc veluti rursus rufis avulsa metallis
Emicuit pulsatque Polos haec gloria dudum
Auctori servata suo cum caede Tyranni
Redditur atque aditu Romae virtute
  repetto
Victor ovans ubique locat sublime
  trophaeum
Principis et munus condignis usque
  triumphis

»Des Vaters Werk und sein eigenes Geschenk hat dir, Rom, Kaiser Constantius gewidmet, nachdem er das gesamte Reich zurückerobert hatte. Um die Geschenke seinen glanzvollen Triumphen anzugleichen, ließ er [dieses Monument] aufrichten, das nicht auf dem Land herbeigebracht worden war und das kein Zeitalter [zuvor] gesehen hatte. Der Kaiser und Gründer der Stadt seines Namens wollte, daß jener [Stadt Konstantinopel] dieser Schmuck zur Zierde gereiche, und hat ihn daher in Theben vom Sockel gehoben. Die Sorge des Transportes aber bedrückte den Gott sehr schwer, weil nämlich ein umlaufendes Gerücht daran erinnerte, daß diese wahrhaft kaukasische Masse weder durch Scharfsinn noch durch Anstrengung und Gewalt bewegt werden könne. Aber Constantius, der Herr der Welt, befahl, im Vertrauen, daß der Tüchtigkeit alles gelingt, die Länder [gemeint sind die ägyptischen Länder] zu besuchen. Einen nicht kleinen Teil des Berges [aus dem der Obelisk nämlich einst ausgehauen worden war, d.h. den gewaltigen Obelisken selbst] vertraute er dem schäumenden Meere an, und schneller als der gefällige Eurus wurde er [der nicht kleine Teil des Berges] an das Gestade Italiens getragen, worauf das Volk das Schiff bewunderte. Unterdessen aber, während der Tyrann Taporo Rom verwüstete, lagen sowohl das Geschenk des Kaisers als auch das Bemühen, es aufzurichten, darnieder. Nicht aus Hochmut gegenüber dem verachteten Geschenk, sondern weil niemand glauben konnte, daß ein an Masse so großes Werk sich in die oberen Lüfte erheben könne. Nun aber erstrahlte [das Monument] gleichsam wie von neuem aus rotem Stein gebrochen, und dieser Ruhm [der Aufstellung] schlägt schon bis an die Pole. Er ist bewahrt für seinen Urheber und wird nun gleichzeitig durch den Tod des Tyrannen Wirklichkeit. Nachdem der Zugang zu Rom so durch Tapferkeit wiedergewonnen war, stellt nun der erfolgreiche Sieger das erhabene Siegeszeichen des Herrschers auf, ein Geschenk für die immer würdigen Triumphe.«

Nun war der »größte, der schwerste und der schönste der ägyptischen Obelisken in Rom« nicht die alleinige Attraktion auf der Spina des Circus. Hier hatte sich bereits dreihundertfünfzig Jahre vor seiner Ankunft schon ein anderer Obelisk niedergelassen, nicht ganz so prächtig wie der des Thutmosis, aber auch ganz ansehnlich, ein Obelisk des Sethos, der im Jahre 10 v. Chr. unter Augustus nach Rom gekommen war. Es ist gelegentlich die Rede davon, daß der zuletzt nach Rom gekommene dem zuerst angekommenen den Platz streitig gemacht habe, daß der Obelisk des Augustus ein Stück von seiner beherrschenden Position inmitten der Spina habe wegrücken müssen, um dem Neuankömmling seinen Standort zu überlassen. Verbürgt ist das nicht. Es heißt auch, durch bauliche Veränderungen und Verschiebungen der äußeren Grenzen des Circus habe es sich im Laufe der Zeit zwangsläufig ergeben, daß der Obelisk des Konstantin zum Mittelpunkt der Arena geworden sei, ohne daß es dazu nötig gewesen wäre, den Obelisken des Augustus von seinem angestammten Platz zu vertreiben.

Verrückt oder nicht verrückt, beide Obelisken stürzten im fünften oder auch im sechsten Jahrhundert, so genau weiß das niemand, in den Sumpf des bis dahin völlig heruntergekommenen und verfallenen Circus. Und dort ruhten sie, nur wenig voneinander entfernt und bar aller Konkurrenzgefühle, friedlich schlummernd so an die tausend Jahre. Als es ans Wecken geht, verhalten sie sich nicht minder friedlich. Von Konkurrenz kann nun erst recht nicht die Rede sein: 1588 wird der Spätankömmling vor der lateranischen Basilika errichtet, 1589 ersteht auf der Piazza del Popolo der Obelisk des Sethos. Ein Jahr, ein einziges Jahr nur, lag zwischen ihrer glanzvollen Auferstehung.

Der Obelisk des Thutmosis vor der lateranischen Basilika, dies nun ist ein Zusammentreffen von besonderer Art! Nach all der Zeit gerät der Obelisk noch einmal in die Sphäre des Mannes, für den er einmal Zeugnis geben sollte, der ihn aus seiner Heimat entführte, zum Ruhme seiner neuen Hauptstadt am Bosporus, in die Sphäre des großen Konstantin. Lateranbasilika und Lateranpalast galten nämlich lange Zeit als Geschenke dieses Kaisers an Papst Miltiades und an die frühe christliche Gemeinde in Rom. (Inzwischen weiß man es besser: Die Konstantinische Schenkung erwies sich als Fälschung.) In engster Nachbarschaft von Basilika und Palast erhält jetzt der Obelisk unter Papst Sixtus V. seinen neuen Platz. Eine von Sixtus ver-

32. Der Lateranische Obelisk nach Athanasius Kircher.

ordnete Inschrift auf der südlichen Seite der Obeliskenbasis lautet: »Constantin, Sieger durch das Kreuz, vom heiligen Sylvester hier getauft, hat den Ruhm des Kreuzes ausgebreitet.« Ungefähr an der Stelle, wo der Obelisk aufgerichtet wurde, hatte fünfzig Jahre zuvor ein anderes berühmtes Monument gestanden, die Reiterstatue des Marc Aurel, die sich heute auf dem Kapitol befindet. Diese Statue verdankt ihr Überleben bekanntermaßen einem Irrtum. Man hielt sie lange Zeit für den christlichen Konstantin und nicht für den heidnischen Marc Aurel. Ehe man sich über diesen Irrtum klar wurde, waren die Zeiten liberaler geworden, und die Zerstörungswut, die sich gegen die antiken Bildwerke in Rom richtete, hatte sich gelegt. Marc Aurel war gerettet – dank Konstantin.

Was war das für ein Mann, dieser Kaiser, der sich zwar taufen ließ, wenn auch erst wenige Tage vor seinem Tode, und der sich dennoch in der Pose des »Sol invictus«, des Sonnengottes, gefiel? Der das Christentum zur Staatsreligion erhob und doch die heidnischen Römer gegen die heftigen Attacken der sich nunmehr stark fühlenden Christen nachdrücklich in Schutz nahm. Er war »herrschsüchtig, gewalttätig und abergläubisch«, nach dem Urteil der Historiker. Aber er wird auch als ein genialer Staatsmann gepriesen, ein Mann, der eine »Nova Roma« schuf – Byzanz, das zum Zentrum der zivilisierten Welt wurde. Vor der entscheidenden Schlacht an der Milvischen Brücke hatte er am taghellen Himmel das »siegverheißende Kreuz« erblickt (Eusebius) und »in diesem Zeichen« gegen Maxentius, seinen Schwager, gesiegt. Sein Sarkophag trägt das Christuszeichen, und doch wird auch ein Porphyrobelisk, der heute im Archäologischen Museum in Istanbul steht, mit seinem Grabdenkmal in Verbindung gebracht.

Die Lateranbasilika war die erste Kirche, in der die Christen außerhalb der Katakomben ihren Gottesdienst feiern konnten. Sie war überhaupt die erste christliche Kirche, die in Rom gebaut wurde. Daher ihre Bezeichnung »Caput et Mater Omnium Ecclesiarum«, Haupt und Mutter aller Kirchen. Der Papstaltar umschließt einen Tisch, von dem es heißt, daß Petrus an ihm die Messe gelesen habe. Über diesem Tisch, in einem gotischen Ciborium, sollen die Häupter der Apostel Petrus und Paulus aufbewahrt werden.

Der Lateranpalast wurde zur Residenz der Päpste. Hier wurden Entscheidungen von weittragender Bedeutung gefällt. Von hier zog Leo I. dem Hunnenkönig Attila entgegen. Hier wurden nicht nur Könige und Kaiser empfangen und bewirtet, sie wurden auch hier gekrönt. Steht man heute vor der Hauptfassade der Basilika mit ihrem antiken Bronzetor, so sieht man

33. Bildnis des ›Sol invictus‹, des Sonnengottes mit dem Strahlenkranz.

34. Lateran, Basilika und Obelisk.

rechter Hand noch eine mit schönen Mosaiken geschmückte Apsis, die einstmals zum Speisesaal des Lateranpalastes gehörte. Die Politik, die im Lateranpalast gemacht wurde, war sicherlich nicht immer von christlichem Geist beflügelt, im Gegenteil, hier ging es gelegentlich außerordentlich unchristlich zu, bis hin zu Mord und Totschlag. Besonders das neunte und zehnte Jahrhundert kennt eine Fülle dunkler Machenschaften und blutiger Gewalttaten. Erinnert sei an die sogenannte Leichensynode im Jahre 896, bei der Papst Stephan VI. seinen Vorgänger Formosus aus dem Sarg holen ließ, um ihm den Prozeß zu machen. Der Hintergrund: Papst Formosus hatte sich hilfesuchend an König Arnulf von Kärnten gewandt, um »den Besitz des heiligen Petrus den schlechten Christen zu entreißen«. König Arnulf kam daraufhin nach Rom und besetzte die Stadt. Wegen dieses Hilferufes wurde der tote Formosus, dem man zum Prozeß wieder seine päpstlichen Gewänder angezogen hatte, im nachhinein verurteilt und in den Tiber geworfen, nachdem man ihm zuvor noch den Segensfinger der rechten Hand abgehackt hatte. Ein Jahr später wurde dafür Papst Stephan VI. erdrosselt. Die Beschlüsse der Leichensynode wurden aufgehoben, und Formosus wurde mit allen Ehren in Sankt Peter bestattet.

Mehr in den Bereich der Fabel dagegen, so die Kirchenhistoriker, gehört die Geschichte von Papst Johannes, der in Wirklichkeit eine Johanna gewesen sein soll. Es heißt, ein junges Mädchen aus Mainz, das sich als Mann verkleidet habe, sei wegen seiner Gelehrsamkeit nach dem Tode Leos IV. im Jahre 855 zum Papst gewählt worden. Über zwei Jahre habe sie unentdeckt regieren können, bis sie plötzlich bei einer Prozession zum Lateran mit einem Kind niedergekommen und daran gestorben sei.

Im vierzehnten Jahrhundert brannte der Lateranpalast bei einem der vielen Volksaufstände nieder. Er wurde nicht wieder aufgebaut, jedenfalls nicht so bald. Die Päpste gingen zum Vatikan bzw. nach Avignon. Erst Sixtus V. nahm sich seiner wieder an. Er ließ ihn durch Fontana erneuern – im Eiltempo, so wie man es von ihm gewohnt war. Begonnen 1586, konnte der Papst bereits zu Ostern 1587 aus der Loggia des neu erstehenden Palastes den Apostolischen Segen spenden. Ein Jahr später waren die Bauarbeiten abgeschlossen.

1587 ist auch das Jahr, in dem man mit den Ausgrabungsarbeiten des Obelisken im Circus Maximus beginnt. Die Abschlußarbeiten am Lateranpalast und die Ausgrabungen des Obelisken gehen von dieser Zeit an Hand in Hand.

Die Arbeiten im Circus Maximus erwiesen sich als äußerst schwierig. An die sie-

35. Piranesi, Lateran-Obelisk.

36. Der Obelisk Thutmosis' III. vor dem Lateran.

ben Meter tief waren der Sockel und der in drei Stücke zerbrochene Obelisk im Schlamm versunken. Mehrere hundert Menschen wurden für die Bergungsarbeiten benötigt, davon allein an die dreihundert, die das immer wieder in den Ausgrabungsschacht nachfließende Grundwasser ausschöpfen mußten.

Der Originalsockel, so stellte sich heraus, war für eine erneute Aufstellung des Obelisken nicht mehr zu gebrauchen. Er wurde zur Ausbesserung der beschädigten

Obeliskenstücke verwendet. Ein Teil des Schaftes, die Maßangaben schwanken zwischen einem Meter und vierzig Zentimetern, mußte wegen zu starker Beschädigung abgeschnitten werden.

Am 6. Juli 1588 wird das erste Stück des Obelisken aufgestellt. Das zweite Stück folgt am 20. Juli und das dritte am 3. August. Die Konsekration findet eine Woche später statt, am 10. August. Die Inschrift, die Papst Sixtus V. auf der Nordseite der neuen Basis anbringen läßt, lautet:

SIXTVS V PONT MAX
OBELISCVM HVNC
SPECIE EXIMIA
TEMPORVM CALAMITATE
FRACTVM CIRCI MAX
RVINIS HVMO LIMOQ
ALTE DEMERSVM MVLTA
IMPENSA EXTRAXIT
HVNC IN LOCVM MAGNO
LABORE TRANSTVLIT
FORMAEQ PRISTINAE
ACCVRATE RESTITVTVM
CRVCI INVICTISSIMAE
DICAVIT
A M DLXXXVIII PONT IIII

»Sixtus V., Pontifex Maximus, hat im Jahre 1588, im vierten Jahr seines Pontifikates, diesen Obelisken von hervorragender Art, der durch die Ungunst der Zeiten zerbrochen und in den Trümmern des Circus Maximus in Erde und Schlamm tief versunken war, mit vielem Aufwand herausziehen und [sodann] zu diesem Platz unter großen Schwierigkeiten hinüberschaffen lassen, [wo] er ihn, [nachdem jener] sorgfältig nach der alten Gestalt wiederhergestellt war, dem ewig unbesiegbaren Kreuz geweiht hat.«

Siebenundvierzig Meter hoch, einschließlich der Basis, dieser Obelisk ist wahrlich nicht zu übersehen. Er ist mit diesem stolzen Maß nicht nur der größte Obelisk Roms, er ist auch einer der schönsten. »Ein einzigartiges Kunstwerk, das älteste künstlerische Monument auf europäischem Boden«, so schwärmen die Kunsthistoriker bis heute. Und das zu Recht.

DER OBELISK AUF DER PIAZZA DEL POPOLO

Die hoch übereinander aufsteigenden Sitzreihen waren von einem wogenden Menschenmeer überflutet, und diese Tausende erfüllte eine Leidenschaft, die an Raserei grenzte. Je mehr der Wettkampf sich seinem Ende näherte, desto mehr steigerten sich Spannung, Angst, Wut, Jubel und Ausgelassenheit. Die Menschen klatschten und schrien mit allen Kräften, sprangen von den Sitzen auf, bogen sich vor, schwenkten Tücher und Gewänder, trieben ihre Partei mit Zurufen an, drohten, schimpften, frohlockten und triumphierten. Und dann das donnernde Jubelgeschrei der Gewinnenden, in das Flüche und Verwünschungen der Verlierenden sich mischten, und das weit über das verlassene Rom nachhallte und noch das Ohr des Reisenden traf, der die Stadt schon weit hinter sich gelassen hatte ...«

Es muß hoch hergegangen sein beim

37. Rekonstruktion des Circus Maximus mit seinen beiden Obelisken.

Wagenrennen im alten Rom. Diesen Eindruck jedenfalls gewinnt man, wenn man sich mit solchen oder ähnlichen »Sportreportagen« aus früher Zeit beschäftigt. Was die Gemüter der Zuschauer hier in besonderer Weise erregt haben mag, war, daß es oft um viel Geld ging. Hohe Wetten wurden zwischen den einzelnen Parteien abgeschlossen. Sieg oder Niederlage der erwählten Favoriten waren gleichbedeutend mit Gewinn und Verlust. Verständlich, daß, entsprechend der menschlichen Natur, und der römischen im besonderen, versucht wurde, der launischen Siegesgöttin ein wenig auf die Sprünge zu helfen, zum Vorteil der eigenen Partei versteht sich. In der Wahl der Mittel war man dabei nicht zimperlich: Korruption, Bestechung, ja Schlimmeres. Kaiser Caligula soll Pferde und Wagenlenker der Gegenpartei kurzerhand vergiften, Caracalla sie einfach hinrichten haben lassen.

Die Arena, die sich für das Spektakel des Wagenrennens in besonderer Weise eignete, war der Circus Maximus, in dem weit über 200 000 Zuschauer Platz fanden. Die kleinen, zweirädrigen Rennwagen hatten diese Riesenanlage innerhalb eines Rennens siebenmal zu durchfahren, besser, zu durchrasen. Die zurückgelegten Runden wurden, für die Zuschauer weithin sichtbar, durch eine entsprechende Anzahl

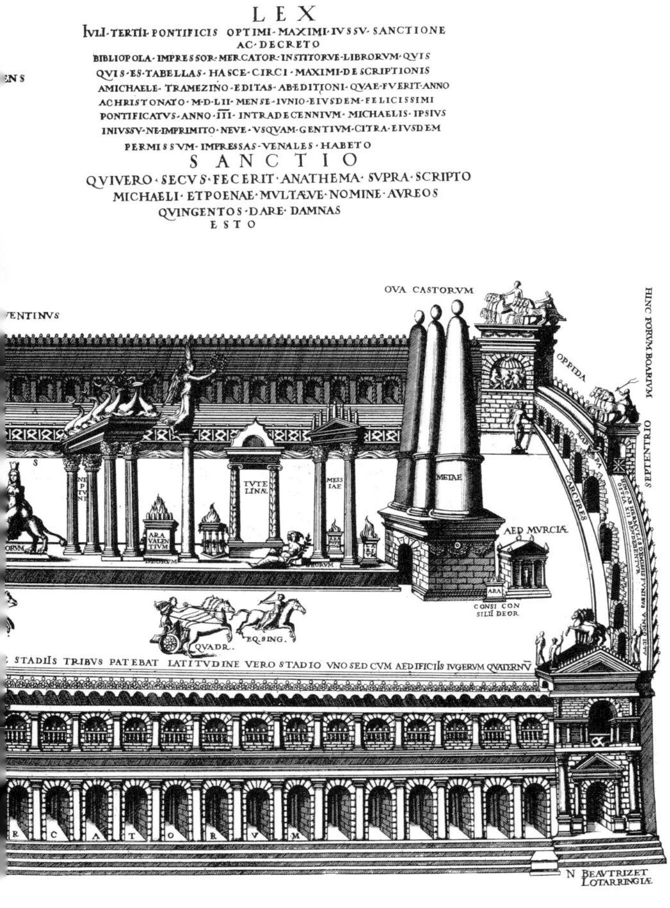

Bronze-Eier, Symbole der Dioskuren, bzw. durch Bronze-Delphine, die Neptun geweiht waren, angezeigt.

Der Legende nach haben hier am Abhang des Palatin schon sehr früh Wagenrennen stattgefunden, Gott Consus zu Ehren, dem Schutzgott des Getreides. Sie wurden jeweils nach der Ernte und nach der Winteraussaat veranstaltet – mit Ackergespannen. Insoweit war das römische Wagenrennen religiösen Ursprungs.

38. Reliefdarstellung eines Wagenrennens (Vatikanisches Museum).

Den besten Blick auf das aufregende Geschehen hatte man von der unterhalb des Kaiserpalastes gelegenen Loge. Von hier übersah der Kaiser den gesamten Circus. Und er wurde gesehen. Das war wichtig. Denn zum Renntag im Circus gehörten der Kaiser und seine Familie unbedingt dazu.

Das »wogende Menschenmeer auf den hoch übereinander aufsteigenden Sitzreihen« gab sich gemischt, das heißt, Männer und Frauen saßen bunt gewürfelt durcheinander, gerade so wie es kam – ganz im Gegensatz zum Theater, wo Männer und Frauen säuberlich getrennt blieben, bestenfalls sich verständigend durch ein »geheimes Fingerzeichen«. Hier aber war es anders. Hier ergab sich, will man dem unvermeidlichen Ovid und seiner »Liebeskunst« glauben, die willkommene Gelegenheit, aufeinander zuzurücken, sich näherzukommen:

»Wenn gar im Circus Renntag ist, sei jedesmal zur Stätte! Denn, weil der Raum viel Menschen faßt, gibts hier gar manches Nette. Geheime Fingerzeichen brauchst du hier nicht zu verschicken, die Antwort fällt hier klarer aus und ist kein bloßes Nicken. Setz keck dich zu der Dame hin – dran hindert dich dort keiner –, daß ihre Seite möglichst eng sich fühle neben deiner. Und wenn sie abrückt, rück ihr nach! Die Bank hat wohl ein Ende. Dort fällt sie durch der Lage Zwang dir sicher in die Hände. Zum Zwiegespräche such alsdann den Anlaß ohne Zaudern. Wovon ein jeder heute spricht, das bringt auch euch ins Plaudern. So kannst du sie, dir einen Tip zu geben, höflich bitten. Dann setze, wer's auch immer sei, auf ihren Favoriten. Hernach, wenn sich im Festzug reih'n die kämpfenden Epheben, dann juble der Frau Venus zu und zeig dich ihr ergeben ...«

Inmitten der Circus-Arena, auf der Spina, hatte man den für das Rennen zuständigen Göttern Altäre und Ehrentempel errichtet, so für Pollentia und Consus. Und hier stand auch seit dem Jahre 10 v. Chr. der von Augustus nach Rom gebrachte Obelisk des Sethos.

Plinius hat über diesen Obelisken berichtet, insbesondere über die Schwierigkeiten des Transports. Dabei verwechselte er allerdings gelegentlich diesen Obelisken mit dem sogenannten »Gnomon«, dem zweiten Obelisken des Augustus. Das mag seinen Grund darin gehabt haben, daß beide Obelisken von Augustus mit der gleichen Widmungsinschrift auf ihrer Basis versehen waren, auf »Augusts Fußgestell«:

»Kaiser Augustus, Sohn des vergöttlichten Caesar und Pontifex Maximus, zwölfmal Imperator, elfmal Konsul, vierzehnmal Volkstribun, nachdem Ägypten in die Gewalt des Römischen Volkes gebracht worden war, der Sonne zum Geschenk gemacht.«

Der Obelisk des Circus Maximus stammte aus Heliopolis. Seine Zeit war die des Neuen Reiches (1550–1070 v. Chr.), eine Zeit, in der Ägypten zur Weltmacht aufstieg und von Nubien bis zum Euphrat reichte.

Sethos I., der Vater des legendären Ramses II., hatte ihn in Auftrag gegeben. Jedoch auch ihm war es nicht vergönnt – gleich Thutmosis III. –, seine Aufrichtung noch zu erleben. Er starb, ehe es soweit war. Seinem Sohn blieb es überlassen, das Werk zu Ende zu bringen. Und Ramses tat dies gründlich, wie alles, was dieser in hohem Maße von sich selbst überzeugte Pharao in die Hand nahm. Er vervollständigte die Beschriftung des Obelisken – die vierte Seite war noch frei – und brachte dabei das besondere Kunststück fertig, seinem Vater und sich selbst gleichzeitig ein Denkmal zu setzen. So besagt der von ihm verfaßte Hieroglyphentext auf dem Obelisken,

39. Piranesi, Piazza del Popolo.

gesehen vom Platz der jetzigen Aufstellung aus ist es die südliche Seite, daß es Ramses war, »der dieses Denkmal seines Vaters verschönert hat, um dessen Namen im Tempel des Re bleiben zu lassen«, und daß es aber auch Ramses ist, der seine eigenen Denkmäler »zahlreich macht wie die Sterne am Himmel und dessen Werke (Obelisken) sich mit dem Himmel vereinigen«. Und Ramses ist sich gewiß, daß »seine Majestät über sie jauchzt in seinem Hause von Millionen Jahren«. Und an anderer Stelle heißt es: »Also spricht der Gebieter der Welt, das Licht der Welt, der erhabene Gott, der Herr des Himmels, zum Könige, dem Gebieter der Welt, dem gewaltigen, mächtigen Ramses Osymandyas, dem Sonnenentsprossenen: Wir haben dir verliehen die Herrschaft der Welt, die Herrschaft der Länder, die Herrschaft der Meere; wir haben dir geschenkt Ägyptens unvergängliches Reich.« Soweit Ramses über Ramses.

Indessen, als der Obelisk in Rom landete, wußte noch niemand etwas mit diesen Texten anzufangen, die Hieroglyphen der alten Ägypter waren den Römern schlichtweg unverständlich. Hermapion, ein ägyptischer Priester, übersetzte auf Befehl des

Augustus erstmals den Text auf dem Obelisken, und zwar ins Griechische. Damit war man in diesem Falle zwar ein Stück weiter, ehe man jedoch aus eigenem Wissen und Verständnis mit dieser rätselhaften Schrift zurecht kam, sollte noch viel Zeit vergehen. Wir kommen auf die Hieroglyphen und die Probleme ihrer Übersetzung noch zurück. Bleiben wir zunächst bei unserem Obelisken und seiner neuen Umgebung.

Nach seinem Sturz im Circus Maximus und der über tausendjährigen Ruhepause kommt er im Jahre 1589 auf die Piazza del Popolo. Für diese Piazza hatte sich Sixtus V. erst nach einigem Hin und Her entschieden, zuvor waren noch andere Standorte im Gespräch gewesen, so zum Beispiel der Platz vor der S. Croce in Gerusalemme, der Kirche, die von Kaiser Konstantin oder auch dessen Mutter, der heiligen Helena, errichtet worden war, um die Reliquien vom Kreuz Christi aufzubewahren.
Als sich der Papst dann doch für die Piazza del Popolo entschied, wird dies unserem Obelisken, und sei es erst im nachhinein, nur recht gewesen sein, geht es doch heute auf diesem Platz rund wie in alten Tagen. Es sind zwar nicht mehr die kleinen römi-

40. Der Obelisk Sethos' I., errichtet 1589.

schen Rennwagen, die donnernd um ihn in die Kurve rasen, dafür aber jede Menge Benzinvehikel, die es offensichtlich nicht minder eilig haben, »Jubel und Verwünschungen« der genervten Fußgänger beim Passieren der Piazza mit lautem Hupkonzert begleitend. Ähnlichkeiten zwischen einst und jetzt sind also durchaus gegeben.

Doch bevor es zur Aufstellung kam, waren, ähnlich wie beim lateranischen Obelisken, umfangreiche Reparaturen notwendig. Der zerbrochene Schaft war so stark beschädigt, daß er um fünfundsiebzig Zentimeter gekürzt werden mußte. Für die Ausbesserungsarbeiten benutzte man die Fragmente der alten Basis, die nicht mehr brauchbar war. Der neuen Basis gab man wieder die Originalinschrift des Augustus mit. Und das gleich zweimal. Einmal in

Richtung Osten zeigend, zum anderen nach Westen hin. Die nördliche und die südliche Seite erhielten Widmungsinschriften des Papstes Sixtus.

Die vier ägyptischen Brunnenlöwen mit dem Wasser der Acqua Vergine, die den Obelisken flankieren, wurden erst später hinzugefügt. Sie stammen aus der Zeit um 1816, als Giuseppe Valadier die Piazza umgestaltete. Im Urteil der Römer, aber auch mancher Besucher, gilt das Löwenarrangement des Valadier allerdings als mißglückt. In Verbindung mit dem hohen Obelisken hält man es für unausgewogen, ja für ein wenig komisch. Buona occasione, mitzumäkeln. Die vier Löwen sind im übrigen keine echten ägyptischen Löwen. Es sind Nachbildungen der Löwen, die wir an der berühmten Cordinata, der Treppe des Michelangelo, treffen, die zum Kapitol hinaufführt. Allerdings, auch diese Löwen sind nicht echt. Sie sind wiederum Kopien der Löwen, die man bei S. Stefano del Caco gefunden hat, beim heiligen Stefan zum Affen, im ehemaligen Bereich der ägyptischen Isis. Diese Löwen sind die echten. Sie haben heute ihren Platz im Kapitolinischen Museum.

Sehen wir uns auf der Piazza del Popolo, diesem ehemals etwas finsteren Platz, ein wenig um. Werner Bergengruen, der professionelle Romliebhaber, schreibt in seinem römischen Erinnerungsbuch:

41. Luftansicht der Piazza del Popolo.

42. Die Piazza del Popolo nach einer Photographie um 1860.

»Die Piazza del Popolo hat ihren Namen von der neben dem Stadttor stehenden Augustinerkirche Santa Maria del Popolo, deren Bezeichnung als die einer vom römischen Stadtvolke erbauten Kirche, eben einer Volkskirche, erklärt wird. Eine andere Deutung knüpft an populus, die Pappel, an, so daß von einem Pappelplatz und von einer Kirche der Muttergottes bei der Pappel zu sprechen wäre. In der Tat hat ein Baum zu den uralten Merkzeichen dieser ehedem gemiedenen und menschenarmen Örtlichkeit gehört, nur war es keine Pappel, sondern ein Nußbaum. Um diesen Nußbaum spukte es, und das Volk brachte das mit den nahen Gräbern der Domitier, insbesondere dem des schlimmen Nero, in Zusammenhang. Papst Paschalis II. ließ den Baum endlich abhauen, und wie ein Rudel wilder Katzen, so wird berichtet, stoben die bösen Geister aus dem Gezweige. Paschalis errichtete eine Kapelle, die im späteren Mittelalter durch die Kirche ersetzt wurde. Statt vom Nußbaum sprechen andere von einer Eiche; streiten sich die Gelehrten noch lange, so schlage ich die Rückkehr zur alten Pappeltradition vor.«

Im Laufe der Zeit wurde der Platz immer wieder verändert. Im 17. Jahrhundert war er mehr eine barocke Piazza. Aus dieser Zeit stammen auch die beiden beherrschenden Kuppelkirchen, S. Maria in Monte Santo und S. Maria dei Miracoli. Im 19. Jahrhundert bekam er durch Valadier ein klassizistisches Gepräge. Drei der wichtigsten Straßen Roms gehen von der Piazza del Popolo aus, zwischen den Kuppelkirchen hindurch. In der Mitte der Corso. Hier wohnte in den Jahren 1786/1787 der Maler Philipp Möller, alias Johann Wolfgang von Goethe. Die genaue Anschrift:

Corso Nr. 18, zweiter Stock. Links von der Piazza geht die Via Babuino ab. Sie führt zur Piazza di Spagna und damit vorbei an einem anderen Obelisken, dem sogenannten »Sallustius«, der oberhalb der Spanischen Treppe steht. Rechts der Piazza die Via Ripetta, die uns zum Mausoleum und zum Friedensaltar des Augustus bringt und in der über Jahrzehnte hindurch die Bruchstücke des beim Mausoleum ausgegrabenen Obelisken lagerten. Die Via Ripetta war lange das Revier der leichten Mädchen in Rom. Zur Zeit der Renaissance-Päpste trugen sie den schönen Titel »Donne di curia«. Es war nämlich die Curie, die den Mädchen die entsprechende Lizenz ausstellte und die genau festlegte, an welchen Stellen sie sich aufzuhalten hatten und an welchen nicht. Papst Leo X. soll den Bau der Via Ripetta weitgehend aus den Einnahmen der »Donne di curia« finanziert haben.

Das schöne barocke Eingangstor an der Piazza del Popolo, lange Zeit der wichtigste Zugang zur Stadt, erhielt seine letzte Ausgestaltung durch Bernini. Anlaß für die Verschönerung durch den großen Baumeister war der feierliche Einzug der Königin Christine von Schweden, die 1655 nach Rom kam, um hier ihre letzten Jahre zu verbringen. Ein Jahr zuvor hatte sie dem Thron entsagt und war zum katholischen Glauben übergetreten. Papst Alexander VII. (1655–1667), ehemals Kardinal Fabio Chigi – das Wappen der Chigi prangt unübersehbar über dem Eingangstor –, hatte Grund zu doppelter Freude. Gab doch die prominente Dame nicht nur in aller Öffentlichkeit ein demonstratives Zeugnis für den römisch-katholischen Glauben, sie bereicherte auch die Schätze des Vatikans durch ihre kostbaren und reichhaltigen Sammlungen von Gemälden, Münzen und Handschriften.

43. Goethe-Zeichnung, Blick auf Rom mit der Porta del Popolo und dem Obelisken der Piazza.

Wen sah dieses Tor nicht alles im Laufe der Zeit. Im Jahre 1084 brachen an dieser Stelle unter Robert Guiscard dreißigtausend Normannen in die Stadt ein, um den von Kaiser Heinrich IV. in der Engelsburg eingeschlossenen Papst Gregor VII. zu befreien. Mit Glanz und Gloria zogen hier die ausländischen Gesandten hindurch, ein Konvoi goldstrotzender Kutschen, begleitet von Reitern, Musikern, exotischen Tieren und kostümierten Tanzgruppen. Aber auch zu Fuß kamen sie, unbemerkt, unauffällig. Luther etwa, der in Rom eine Ordensangelegenheit zu regeln hoffte und der von Erfurt bis hierher 1500 Kilometer gepilgert war. Johann Gottfried Seume, der »Spaziergänger«, der sich auf den Weg gemacht hatte, um sich »das Zwerchfell auseinander zu wandeln«, das er sich als Lektor »über den Druck von Klopstocks Oden etwas zusammen gesessen hatte«.

Es kamen die von Rom besessenen Romantiker, die Bildungs- und Studienreisenden. Es kam ein Heer von Malern, Bildhauern und Dichtern. Tischbein, Goethe, Angelika Kauffmann, Thorvaldsen, der große dänische Bildhauer, der fast sein ganzes Leben in Rom verbrachte. Winckelmann und Herder kamen, dann die »Nazarener« und ihr Gönner, der bayerische Kronprinz und spätere König Ludwig I., alle sind sie durch dieses Tor gekommen. »Rom, die alte Zauberin, weist einem jeglichen Menschenkind seinen Platz an«, schrieb Anselm Feuerbach an seine Mutter, als auch er glücklich in Rom angekommen war. Im Jahre 1816 kam der junge Maler Carl Philipp Fohr aus Heidelberg, auch zu Fuß, begleitet von seinem riesigen Bernhardinerhund Grimsel. Er schrieb an seine Eltern: »Ich war außerordentlich froh, als ich ... die ganze Reise mit ihren unzähligen Strapazen zurückgelegt hatte und besonders auch Grimsel, dessen sein Laufen da auch ein Ende gewann.« Ein halbes Jahr später ertrank der 22jährige Fohr im Tiber vor den Augen seiner Freunde. Grimsel war einige Tage zuvor fast an der gleichen Stelle ertrunken.

Porta del Popolo, das Tor der Verheißung, »die architektonische Einleitung zu den Herrlichkeiten und den Wundern Roms«, so Goethe, der sich erst hier gewiß war, »Rom zu haben«. »Wer zu Fuß oder in der Kalesche oder gar auf einem Elefan-

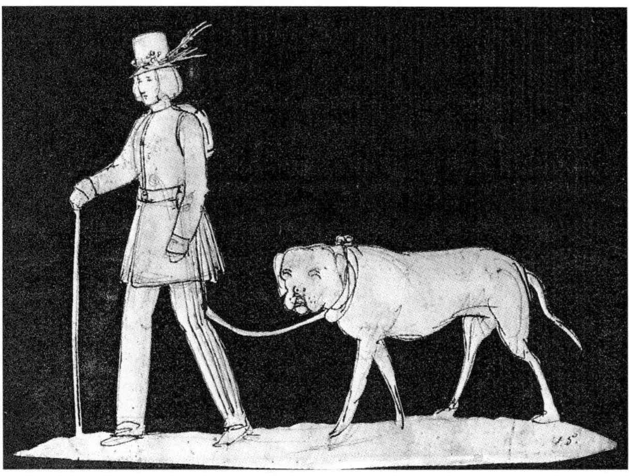

44. Carl Philipp Fohr mit seinem Hund Grimsel auf dem Weg nach Italien.

ten kam, Hannibal, Luther, Goethe, staubbedeckt, durchgerüttelt, Gefahren entronnen, rief wohl beim Anblick der ersehnten Stätte … erlöst, glücklich, dankbar, fragend, fordernd, gierig sein ›Ecco Roma‹« (Wolfgang Koeppen).

Rom, das war für Luther »die Quelle der Gerechtigkeit«, der Ort, »da St. Peter und Paul, 46 Päpste, dazu viel hunderttausend Märtyrer ihr Blut vergossen haben«. Es brauchte seine Zeit, bis Luther über diese »Quelle« anders denken lernte. War er zunächst noch »wie ein toller Heiliger« durch Rom gerannt und hatte alles geglaubt, »was dort erstunken und erlogen ist«, so wurde ihm diese Stadt nach vielfältigen Enttäuschungen zutiefst zuwider. Wie sollte auch ein Mann wie er in einer Stadt zurechtkommen, in der es sich die Päpste angewöhnt hatten, wie weltliche Fürsten zu herrschen, mit Ehefrauen, Liebhaberinnen, Kindern und mit einem glanzvollen Hofstaat. »Laßt uns das Papsttum genießen, da Gott es uns gegeben hat« (Leo X.). Dies war die Devise, und so hielt man es denn auch in Rom. Dennoch, es regte sich auch anderes. Die junge Kunst der Renaissance zum Beispiel. Rom war zwar zu Anfang des sechzehnten Jahrhunderts noch stark zerstört, die Schuttberge lagen »an die zween Landsknechtsspieße« hoch, wie Luther schrieb, aber man hatte bereits mit dem Bau der Peterskirche begonnen, zum Ärger Luthers finanziert aus den Einnahmen des Ablaßhandels, Michelangelo war mit der Sixtina beschäftigt, Raffael mit den Fresken im Vatikan.

Luther hielt sich 1510 in Rom auf, unseren Obelisken auf der Piazza del Popolo konnte er also noch nicht sehen. Der schlummerte zu dieser Zeit noch im Circus Maximus. Hätte Luther Rom etwa achtzig Jahre später besucht, so wäre ihm der Obelisk ein geradezu alltägliches Bild gewesen, denn Luther wohnte direkt an der Piazza, im Kloster der S. Maria del Popolo. Hier ist er im Kirchenbuch als Pater Martinus eingetragen. Ob er sich für den Obelisken näher interessiert hätte, steht dahin. Wahrscheinlich hätte er ihn als »heidnisches Blendwerk« oder ähnliches klassifiziert, ungeachtet dessen, daß der Papst ihm die bösen Geister ausgetrieben und ihm ein Kreuz auf die Spitze gesetzt hatte.

Kommen wir auf die Beschriftung des Obelisken zurück, auf die Hieroglyphen und auf das Abenteuer ihrer Enträtselung. Es hat in Rom nicht an Versuchen gefehlt, diese »magischen und mystischen Zeichen« zu deuten, ja zu übersetzen, doch diese Versuche blieben über lange Zeit erfolglos. In den Jahren 1650 bis 1654 veröffentlichte der gelehrte Jesuitenpater Athanasius Kircher vier Bände mit Übersetzungen ägyptischer Hieroglyphen. Nur wenig davon soll richtig gewesen sein. Das meiste, so wird berichtet, habe den ursprünglichen Sinn der Hieroglyphen nicht getroffen.

Man hat Athanasius Kircher den »Meister der hundert Künste« genannt. Zu Recht. Er war Professor für Mathematik, Philosophie und für orientalische Sprachen an der berühmten Gregoriana, der Hochschule der Jesuiten in Rom. Er konstruierte Rechenmaschinen, er erfand die Laterna Magica, er machte als erster Blutuntersuchungen unter dem Mikroskop, er untersuchte Meeresströmungen und verwies auf einen möglichen Pestbazillus. An seiner stillen, großen Liebe jedoch, an den Hieroglyphen, scheiterte er.

In der Renaissance verstand man Hieroglyphen als Symbole, die letzte Einsichten in das »Wesen der Dinge« versprachen, als »Bilder tiefer Weisheit mit mythischem Hintergrund«. Aber das waren sie eben nicht, oder nicht nur, Symbole und Bilder, sondern hier präsentierte sich eine handfeste Schrift, wenngleich sich diese auch aus Bildzeichen, aus Ideogrammen heraus, entwickelt hatte. Die Ägypter kannten ein Alphabet von vierundzwanzig Buchstaben – sie waren die ersten, die eine derartige »Erfindung« machten –, hinzu kamen im Laufe der Zeit etwa siebenhundert Wortzeichen und eine große Anzahl Deutzeichen (Determinative). Damit, mit dieser Schrift, ließ sich grammatikalisch alles ausdrücken, wenn auch, bedingt durch die Fülle der einzelnen Zeichen, nur Priester und Schreiber mit ihr zurecht kamen. Gelesen wurden die Hieroglyphentexte von oben nach unten, von links nach rechts, wie auch von rechts nach links. Entscheidend dafür war, in welche Richtung die Köpfe der Schriftbilder zeigten.

Gottfried Wilhelm Leibniz, Philosoph, Mathematiker und Sprachforscher wie Athanasius Kircher und von diesem hochgeschätzt – sie waren Zeitgenossen –, sah die Hieroglyphen immerhin schon als »historische Urkunden«. Anders dagegen der große Herder, für den Hieroglyphen »der erste rohe Kindesversuch des menschlichen Verstandes« sind, »der Zeichen sucht, um seine Gedanken zu erklären«. Er schreibt: »Daß aber die Ägypter so lange bei dieser unvollkommenen Schrift blieben und sie Jahrhunderte hin auf Felsen und Wände malten, welche Armut von Ideen, welch ein Stillstand des Verstandes zeigt dieses! Wie enge mußte der Kreis von Kenntnissen einer Nation und ihres weitläufigen gelehrten Ordens sein. Dürfen wir uns also wundern, daß ein so schriftarmes und doch nicht ungeschicktes Volk sich in mechanischen Künsten hervortat? Der Weg zur wissenschaftlichen Literatur war ihnen durch die Hieroglyphen versperrt, und so mußte sich ihre Aufmerksamkeit desto mehr auf sinnliche Dinge richten.« Die moderne Ägyptologie gibt Herder heute mehr oder minder recht. Daß die in den Hieroglyphen gewahrte Tradition die kulturelle Entwicklung dieses Landes gehemmt hat, darüber besteht Einverständnis.

Wie nun kam Licht ins Dunkel der Hieroglyphen? Durch Napoleon! 1798 unternahm er seinen berühmten Ägyptenfeldzug, der, zumindest militärisch, so unrühmlich endete. Admiral Nelson schlug die französische Flotte vernichtend bei Abukir. So erfolglos jedoch die militärische Kraftanstrengung war, so erfolgreich war die wissenschaftliche. Napoleon hatte ja nicht nur Matrosen und Soldaten auf seinen Schiffen, er hatte auch an die zweihundert Wissenschaftler aus Paris mitgenommen, die sogenannte »Ägyptische Kommission«, die die Aufgabe hatte, Ägyp-

45. Thomas Young.

ten in allen Bereichen der Kultur und der Wissenschaft zu erforschen. Das Ergebnis war die berühmte »Description de l'Égypte«, eine kulturwissenschaftliche Glanzleistung, die mit ihren Aufzeichnungen und Bildwerken den ganzen Zauber dieses Landes deutlich werden ließ und die in Europa zu einer neuerlichen Ägyptenbegeisterung führte. Im Zuge dieser Forschungsarbeiten war man 1799 nahe der Mündung eines Nilarmes auf den sogenannten Stein von Rosette gestoßen, auf einen schwarzen Basaltstein, der drei Inschriften aufwies, die in unterschiedlichen Schriftarten abgefaßt waren – in Hieroglyphen, in Demotisch (eine vereinfachte Hieroglyphenschrift) und in Griechisch. Daß es sich bei diesen drei unterschiedlichen Inschriften möglicherweise um ein und denselben Inhalt handeln könnte, war eine spontane Vermutung, die sich dann auch bei näherer Betrachtung bestätigte. Ausgehend von der in Griechisch verfaßten Inschrift kam man nun den Hieroglyphen etwas näher, obwohl es zu großem Jubel noch keinen Anlaß gab, denn der Stein von Rosette war lediglich ein Bruchstück, er enthielt nicht eine einzige vollständige Zeile. Aber die Wissenschaftler blieben hartnäckig, und die Amateure auch. 1819 gelang es dem englischen Arzt Dr. Thomas Young, einige Wörter richtig zu deuten, er erkennt den Namen »Ptolemaios« (der Stein von Rosette enthielt ein Dekret der Priester von Memphis zu Ehren des Ptolemaios von Epiphanes, 196 v. Chr.), und er erkennt auch, daß es sich bei der Hieroglyphenschrift um eine Mischung aus Wort- und Lautzeichen handelt.

46. Jean François Champollion.

Daß die Hieroglyphenschrift eine Lautschrift ist, diesen Nachweis schließlich führte der Geschichtsprofessor Jean François Champollion von der Universität Grenoble. Ihm gelang es, neben den Namen Thutmosis und Ramses zweiunddreißig Zeichen richtig zu entziffern. Seine sprachwissenschaftlichen Studien – er verfaßte u.a. eine entsprechende Grammatik und ein Hieroglyphen-Lexikon – waren es, die schließlich zum Durchbruch führten. 1831 wird für ihn der erste Lehrstuhl für Ägyptologie eingerichtet. Eine neue Wissenschaft war geboren. Und doch waren auch Champollions Untersuchungen noch nicht frei von Irrtümern. Erst nach seiner Zeit wurde es möglich, Hieroglyphen wirklich einwandfrei und fehlerlos zu übersetzen. Dennoch, darüber ist man

47. Der Stein von Rosette.

sich einig, ist er es, dem der Lorbeer gebührt im Bemühen um die Entzifferung der vertrackten Hieroglyphen.

1825 war Champollion in Rom. Hier allerdings machte er noch keine so gute Figur. Bei dem Versuch, die Hieroglyphen des Obelisken auf der Piazza del Popolo zu übersetzen, scheiterte er. Es war ihm unmöglich, aus den Hieroglyphen des Obelisken den gleichen Sinn herauszulesen, wie er aus der griechischen Übersetzung des ägyptischen Priesters Hermapion hervorging. Schließlich versuchte sich Champollion mit der Behauptung zu retten, daß dies wohl nicht der Obelisk sei, dessen Inschriften Hermapion übersetzt habe. Die wissenschaftliche Welt war konsterniert, war dies doch eindeutig der Obelisk, der »auf dem Circus Maximus mit Augusts Fußgestell gefunden worden war«. Champollions Ruhm war angeschlagen. Er hatte lange an dieser »Niederlage« zu tragen.

Der Stein des Anstoßes, der Stein von Rosette, ist heute im Britischen Museum in London zu besichtigen. Die besiegten Franzosen hatten ihn selbstverständlich den siegreichen Engländern auszuliefern. Ihn in Ägypten zu lassen, dort, wo er hingehörte, auf diese Idee kam wohl niemand.

Doch ging auch Frankreich aus Ägypten nicht mit leeren Händen weg. (Die Fülle der ägyptischen Altertümer im Louvre beweist es.) Der ägyptische Vizekönig des türkischen Sultans, Mehmed Ali, zeigte sich in besonderer Weise generös: Als die Franzosen u.a. den Wunsch nach einem Obelisken äußerten, stimmte er dem gnädig zu. Die schwierige und verworrene politische Situation machte es möglich, man wollte es hier mit niemandem verderben. Und nicht nur, daß er für den Wunsch Verständnis zeigte, die Franzosen konnten sich ihren Obelisken auch selbst aussuchen. Die Wahl fiel sinnigerweise auf einen Obelisken, der zusammen mit einem anderen in der Tempelanlage von Luxor ein Paar bildete, auf einen Obelisken Ramses' II. Daß es gerade dieser sein mußte, das geht wiederum auf Champollion zurück. Er schrieb anläßlich einer Studienreise durch Ägypten nach Paris: »Eine einzige Säule von Karnak ist für sich allein ein erhabeneres Denkmal als die vier Fassaden im Hofe des Louvre ... Also einen von den

Obelisken zu Luxor muß man nach Paris bringen; es gibt nichts Besseres, außer, daß man alle beide hätte.« Aus Paris kam die Nachricht: »... Es wäre herrlich, wenn solche Obelisken Denkmäler unserer Siege in Ägypten würden.« 1831 begann man in Luxor mit der Demontage. Zwei Jahre später wurde der Obelisk auf der Place de la Concorde in Anwesenheit von König Louis Philippe und seiner Familie sowie von zweihundertfünfzigtausend Schaulustigen eingeweiht. Das Unternehmen hatte zwei Millionen Goldfrancs gekostet.

48. Der Obelisk Ramses' II. auf der Place de la Concorde in Paris.

DIE OBELISKEN DER ISIS

Der Obelisk vor dem Palazzo Medici
1787
Der Obelisk am Viale delle Terme
di Diocleziano
1887/1925
Der Obelisk auf der Piazza Navona
1651
Der Obelisk vor S. Maria sopra Minerva
1667
Der Obelisk vor dem Pantheon
1711

*

»Ich bin es, die den Himmel von der Erde getrennt hat. Ich habe Weib und Mann zusammengeführt. Ich habe verfügt, daß die Eltern von den Kindern geliebt werden. Ich habe die Regierungen der Tyrannen zerstört. Ich habe die Gerechtigkeit stärker gemacht als Gold und Silber. Ich habe verfügt, daß man das Wahre für schön hält ...«

Isis nach einer griechischen Inschrift.

Auf dem römischen Marsfeld, dem ehemaligen Sumpfgebiet im Tiberbogen, hat man im Umkreis von S. Ignazio, des Pantheons und der S. Maria sopra Minerva bisher an die zehn Obelisken gefunden, darunter auch Fragmente und eine Vielzahl von kleineren Bruchstücken. Fünf davon konnten wieder aufgestellt werden – einer wanderte bereits im Altertum ein Stück weiter –, die anderen, meist kleinere und stark beschädigt, gingen verloren. Daß sich gerade an dieser Stelle so viele Obelisken fanden, das hatte seinen Grund. Die Römer verehrten hier die ägyptische Göttin Isis, die kurz vor der Zeitenwende zusammen mit Gott Serapis vom östlichen Mittelmeer ausgehend über Griechenland nach Italien gekommen war. Isis, dargestellt mit einem Kuhgehörn auf dem Kopf und einer Sonnenscheibe, war eine Göttin, die weitgehenden Schutz im Diesseits wie auch im Jenseits versprach, etwas, was man den strapazierten heimischen Göttern wohl nicht mehr so recht zuzutrauen schien.

Ihr zu Ehren war hier ein besonders prächtiges Heiligtum entstanden, ein Iseum, geschmückt mit Statuen, ägyptischen Rätselwesen, mit Götterbildern und – mit Obelisken. Diese Obelisken stammten zum Teil aus dem alten Sonnenheiligtum in Heliopolis, zum Teil hatten sie die Römer aber auch selbst angefertigt, einschließlich der Beschriftung, unter der fachkundigen Anleitung der ägyptischen Priester des Iseums.

Die Isis-Religion war eine volkstümliche Religion. Der Kreis ihrer Verehrer erstreckte sich über das ganze römische Imperium, einschließlich des römisch besetzten Germanien. Zur Zeit des Augustus wurde sogar eine römische Legion nach ihr benannt. Im wesentlichen fußte sie auf der Hoffnung nach Unsterblichkeit, auf ein ewiges Leben, gleich der Unsterblichkeit des Osiris, dem Gatten und Bruder der Isis und Vater des gemeinsamen Sohnes Horus. Osiris, so die Legende, war von seinem erbitterten Feind Seth in vierzehn Stücke zerrissen worden. Die Stücke hatte Seth im ganzen Land verstreut. Doch die treue Isis fand nach langem Suchen alle Stücke wieder und setzte sie wieder zusammen. Osiris wurde so das Leben zurückgegeben. Wenn wir Plutarch glauben wollen, so hat Isis ein Stück allerdings nicht mehr gefunden, das »Schamglied«. Doch Isis wußte sich wohl zu helfen: »Isis hat anstelle des Schamgliedes eine Nachbildung hergestellt und den Phallos geweiht, dem die Ägypter auch jetzt noch eine Festfeier begehen.«

Fruchtbarkeit und Überleben, einer Göttin, die das versprechen konnte, war nicht zu widerstehen. Durch die Geburt ihres Sohnes Horus auch Schutzgöttin aller Kinder, »übertraf sie Millionen von Göttern, es gab nichts, was sie nicht gewußt hätte im Himmel und auf Erden. Die Mutter der ganzen Natur, die Herrin aller Elemente, Anfang und Ursprung der Jahrhunderte, die oberste Gottheit, die Königin der Toten, die erste der Bewohner des Himmels«.

Die bekannte Darstellung der Isis mit dem Horusknaben auf dem Schoß wird später ikonographisch zur Vorgestalt der christlichen Maria mit dem Jesuskind, ein eindrucksvolles Beispiel kultureller Wechselbeziehung. Ein ähnliches Beispiel haben wir mit der Waage des hl. Michael. Er hat seine Waage von dem ägyptischen Gott Thot übernommen, dem unerbittlichen Wägemeister, dessen Urteil sich der Tote vor dem Totengericht ausgesetzt sah.

Nun gab es auch Zeiten, wo man Isis weniger gut gesonnen war. Ihre Tempel wurden geschlossen, die ägyptischen Priester gekreuzigt, eine durchaus übliche Art der Todesstrafe für Nichtrömer, die Statuen der Göttin wurden in den Tiber geworfen. So geschehen unter Tiberius, nachdem im Isis-Tempel eine Römerin von Stand verführt worden war, unter der Maske des ägyptischen Gottes Anubis.

Kaiser Titus war es, der den Isis-Kult wiederbelebte, und Domitian ließ ihren nach einer Feuersbrunst abgebrannten Tempel wieder aufbauen, schöner und prächtiger als zuvor und darob »von Isis geliebt für die Wiederherstellung dessen, was zerstört war«, so nachzulesen auf dem Obelisken des Domitian, der heute auf der Piazza Navona steht. Man kann, so man mag, noch heute den Spuren der Isis folgen. Auf einem meterhohen Podest in der Via di S. Stefano del Caco, Ecke Via del Pie

49. Isis mit dem Horusknaben.

di Marmo, ist noch ein großer Marmorfuß von ihr zu sehen.

Ganz in der Nähe, bei der Kirche S. Stefano, fand man bei Bauarbeiten einen Altar der Isis wieder, und hier war es auch, wo »Vater Nil« wieder auftauchte, mit seinen 16 Kindern, die ihm auf dem Bauch herumkrabbeln, eine in Rom gefertigte Kolossalgruppe nach hellenistischem Vorbild. »Vater Nil« steht jetzt im Vatikanischen Museum, im Braccio Nuovo. Seine 16 Kinder symbolisieren die 16 Ellen, um die der Nil bei der alljährlichen Überschwemmung steigt. Weniger wußte man mit einem anderen Fund anzufangen, einer Weihegabe der Isis, die hier im Schutt gefunden wurde, eine hundsköpfige Statue. Man hielt sie irrtümlich für einen Affen, für einen macaco. Der hl. Stefan hat bis heute darunter zu leiden, die Römer nannten ihn fortan den hl. Stefan zum Affen.

Wo nun blieben unsere wiederentdeckten Obelisken? Einer von ihnen steht heute in Florenz, der sogenannte mediceische Obelisk. Er wurde bei der S. Maria sopra Minerva gefunden, »presso la porta della Chiesa«, wie uns der Chronist Aldovrandis berichtet. In den Besitz der Medici geraten, hat er lange vor der Gartenfassade des berühmten Palazzo auf dem Pincio gestanden. 1787 verfrachtete man ihn nach Florenz in die Gärten des Palazzo Pitti. Dort steht er in beinahe identischer Aufstellung wie zu seinen alten Tagen in Rom. Für den Fall, daß es ihm einmal zu langweilig werden könnte, ist vorgesorgt. Er hat die Wahl zwischen Ballett, Konzert, Oper und Freilichttheater. All dies bieten ihm die sommerlichen Festspiele in den Boboli-Gärten direkt zu seinen Füßen.

Das Gegenstück des mediceischen Obelisken wurde ebenfalls bei S. Maria sopra Minerva gefunden, in der Nähe der Apsis. Wie sein florentinischer Bruder stammt auch er aus Heliopolis und ist mit den Hieroglyphen des Ramses beschriftet. Er hatte sich Zeit gelassen, erst 1883 kam er wieder ans Tageslicht, das heißt, er hat an die zweitausend Jahre in der Erde geschlummert. Vier Jahre später, 1887, wird er vor der Stazione Termini auf der Piazza dei Cinquecento aufgestellt, zum Gedenken an die bei Dogali in Abessinien gefallenen italienischen Soldaten. Im Jahre 1925 mußte er umziehen. Das Ehrenmal war zum Verkehrshindernis geworden. Er steht jetzt am Viale delle Terme di Diocleziano.

Die Römer haben ihn nie sonderlich gemocht. Als er noch auf der Piazza dei Cinquecento stand, war er ihnen nicht großartig genug, schien er ihnen nicht hinreichend repräsentativ zu sein als Mahnmal für die gefallenen Soldaten. »Zu diesem nationalen Unglück nun auch noch das Monument des Azurri«, schrieb damals die Presse. Azurri war der Architekt, der den Obelisken wieder aufgerichtet hatte. Heute hat man den Eindruck, daß er mehr und mehr in Vergessenheit gerät. Er hatte am wenigsten Glück von den Isis-Obelisken, er fand keinen Platz vor einer berühmten Kirche oder auf einer glanzvollen Piazza. Dazu war er einfach zu spät wieder aufgetaucht. Er hatte verschlafen.

DER OBELISK AUF DER PIAZZA NAVONA

Der Obelisk, der heute auf der Piazza Navona steht, ist der Krönungsobelisk des Domitian. Er wurde im Jahre 81 n. Chr. anläßlich der Inthronisation des Kaisers im Tempel der Isis aufgestellt, als Domitian »das Königreich seines Vaters Vespasianus, dieses Gottes, von seinem ältesten Bruder Titus, dem Gotte, empfing, als seine Seele zum Himmel flog«.

Isis ist es, die Vielgeliebte, die Domitian gekrönt hat und die ihm, so zeigt es der Obelisk, dabei die Doppelkrone Ägyptens und die Reichsinsignien überreicht. Die Inschrift dazu: »Der König von Ober- und Unterägypten, der Herr der beiden Länder, der Sohn des Re, der Herr der Diademe: Autokrator, Caesar, Domitianus, von Isis geliebt.« Der »Sohn des Re« zeigte sich erkenntlich: ein kniender Kaiser in der Kleidung eines ägyptischen Pharao betet die Sonne an und reicht einer ägyptischen Gottheit Wein, Brot und Weihrauch.

50. Luftansicht der Piazza Navona.

Der Obelisk des Domitian, von römischen Handwerkern angefertigt, blieb etwa zweihundert Jahre an seinem Platz. Dann geriet er in den Besitz des Kaisers Maxentius, der ihn in seinem neuen Circus an der Via Appia aufstellen ließ, ein Jahr vor der Schlacht an der Milvischen Brücke, in der Maxentius von Konstantin geschlagen wurde. Danach wurde es still um den Obelisken. Erst tausend Jahre später, im fünfzehnten Jahrhundert, hörte man wieder von ihm. Es wurde berichtet, daß er am Boden liege und zerbrochen sei. An eine Wiederaufrichtung scheint man um diese Zeit noch nicht gedacht zu haben. Davon ist erst unter Papst Sixtus V. die Rede, der die Absicht äußerte, ihn vor S. Lorenzo fuori le Mura oder S. Sebastiano aufzustellen. Doch dazu kam es nicht. Etwas später sollte er nach England deportiert werden, der Earl von Arundel wollte ihn mit über den Kanal nehmen. Aber auch daraus wurde nichts. Schließlich entschloß sich Papst Innozenz X., ihn aus seinem Einsiedlerleben zu befreien und ihm einen Platz auf der Piazza Navona, dem ehemaligen Circus des Domitian, zu geben. Damit fand der Obelisk wieder in die Nähe seines ursprünglichen Standortes zurück, des Iseums, und er geriet dazu in den Circus jenes Kaisers, zu dessen Krönung er vor eineinhalb Jahrtausenden errichtet worden war.

Die Piazza Navona, einer der schönsten Plätze Roms, hat die alte antike Form des Circus Domitian über die Zeit hinweg behalten. Bis ins Mittelalter hinein fanden hier alle Arten von Wettkämpfen statt, Gladiatoren- und Stierkämpfe eingeschlossen. Dreißigtausend Plätze umfaßte der Circus. In den Kellern der umliegenden Häuser sind noch Reste der alten, steinernen Sitzbänke zu finden. Um die Zeit der Errichtung des Obelisken stehen bereits die beiden äußeren Brunnen. Sie stammen aus dem späten 16. Jahrhundert. Giacomo della Porta hat sie gebaut. Der Mohr des südlichen Brunnens, ein Werk von Bernini, kam später dazu. Den nördlichen Brunnen wollte man zur Zeit von Papst Clemens XI. mit dem Obelisken von der Piazza Macuta zusammenbringen. Doch ging dieser Obelisk nach einigem Hin und Her zur Rotonda, dem Pantheon.

Zunächst nun galt es, die beschädigten Teile des domitianischen Obelisken auszu-

51. Der Krönungsobelisk des Domitian, errichtet 1651 auf der Piazza Navona. Zeitgenössischer Stich.

bessern bzw. zu ergänzen und, ein besonderes Problem, die ergänzten Teile wieder neu zu beschriften. Der Stein von Rosette ließ um diese Zeit noch auf sich warten, von Champollion erst gar nicht zu reden. Athanasius Kircher versuchte es trotzdem. Doch kam es, wie es kommen mußte, die Hieroglyphen wurden zum Teil falsch plaziert, und auch die Übersetzung, um die sich Kircher bemühte, war in hohem Maße fehlerhaft und sinnentstellend. Dennoch lassen sich Kircher auch Verdienste für die Erhaltung und Rettung des Obelisken zuschreiben. Er hat ein aufwendiges Buch über ihn herausgebracht, und ihm verdankt der Obelisk auch seinen Namen, »Pamphilius«, der Familienname des Papstes.

Um die Frage zu entscheiden, wer die Aufstellung des Obelisken übernehmen sollte, ließ sich Innozenz von seinen Architekten entsprechende Entwürfe vorlegen. Bedingung war: der Obelisk mußte über einem Brunnen stehen. Wir kennen derartige Entwürfe von Algardi, Rainaldi und von Borromini. Nicht aufgefordert wurde der berühmteste von allen, Gian Lorenzo Bernini. Er war bei Innozenz in Ungnade gefallen. Seine Rivalen hatten ihn angeschwärzt und behauptet, es gebe da gewisse Unkorrektheiten, die mit dem Namen Bernini verbunden seien, und, schlimmer noch, es seien ihm gravierende Baufehler nachzuweisen. Der Papst hatte sich daraufhin von Bernini distanziert. Eine ungewohnte Situation für den bis dahin verwöhnten und umschwärmten Bernini. Hatte der Vorgänger des Innozenz, sein großer Gönner Papst Urban VIII., noch gesagt: »Du hast Glück, unter einem Barberini-Papst zu leben, doch wir haben noch mehr Glück, in unserem Pontifikat einen Bernini zur Verfügung zu haben«, so schien ihn nunmehr dieses Glück zu verlassen. In dieser Situation kam Hilfe von unverhoffter Seite, von Donna Olimpia, der Schwägerin des Papstes. Warum sich die mächtige und einflußreiche Olimpia um Bernini bemühte, ist nicht ganz klar.

52. Algardi, Büste der Olimpia Pamphili.

Reine Selbstlosigkeit kann es nicht gewesen sein, das hätte ihrem Charakter nicht entsprochen, wie wir noch sehen werden.

Olimpia überredet Bernini, nicht erst Entwürfe vorzulegen, sondern gleich ein Modell zu bauen, das sie dem Papst dann in einer günstigen Stunde präsentieren wolle, selbstverständlich ohne den Namen Bernini zu nennen. Und so geschah es auch. Der Papst war von dem Modell so angetan, daß er andere Entwürfe erst gar nicht mehr sehen wollte. Selbst als man ihm den Namen Bernini nannte, blieb er bei seinem Entschluß, dieses Modell und kein anderes. Bernini hatte das Rennen gewonnen. Und mehr noch, das päpstliche Wohlwollen neigte sich ihm wieder zu, er wurde in Gnaden wieder aufgenommen, dank der Taktik von Donna Olimpia.

Olimpia und Innozenz, dies ist ein besonderes Kapitel. Historiker und Biographen haben sich lange, und wie es scheint auch besonders gerne, mit diesem ungleichen Paar beschäftigt. Innozenz, kirchenpolitisch ein glückloser Papst, wird als schwach beschrieben, ein Mann, der Komplikationen gerne aus dem Wege ging und der seine Ruhe über alles schätzte. Herausragendes Ereignis seines Pontifikats war die Beendigung des Dreißigjährigen Krieges in Europa. Die Folgen des »Westfälischen Friedens« waren bitter für ihn und die Kirche. Dreizehn Bistümer gingen verloren und zahlreiche Abteien. Sein Protest blieb ohne Wirkung.

Das direkte Gegenteil soll seine Schwägerin Olimpia gewesen sein, die Frau seines Bruders, die ob ihrer beherrschenden Stellung in den päpstlichen Vorzimmern »la

53. Velasquez, Innozenz X.

papessa« genannt wurde, die »Päpstin«. Einmütig wird sie als maßlos ehrgeizig, habgierig und machthungrig beschrieben. Ständig habe sie den Papst tyrannisiert und ihren Einfluß schamlos für ihre persönliche Bereicherung und die ihres Sohnes ausgenutzt.

Gipfel der Habgier: Als der Papst im Sterben lag, soll sie unter seinem Bett noch die Privatschatulle mit dem persönlichen Vermögen des Papstes hervorgezerrt und an sich gebracht haben.

Auch der Sohn der Olimpia blieb nicht untätig. Mit zweiundzwanzig Jahren hatte er es bereits zum Kardinal gebracht. Natürlich wird auch dabei seine tüchtige Mama die Hand im Spiel gehabt haben. Auf ihn geht aber auch, und das mag ein wenig für ihn sprechen, der Bau einer der schönsten Villen Roms zurück, der Villa Doria Pamphili, in der Nähe des Vatikan. Sie steht an der Stelle, an der schon Caesar ein pompöses Haus hatte und wo die schöne

Kleopatra bei ihrem Aufenthalt in Rom mit dem gemeinsamen Sohn Caesarion wohnte. Wer sich für Olimpia Pamphili interessiert, kann sich ihre Marmorbüste im Palazzo Pamphili an der Via del Corso ansehen. Furchterregend und eiskalt blickt sie unter ihrem Kopftuch hervor, einer Kobra nicht unähnlich. Auch ein Bild des Innozenz befindet sich dort, gemalt von Velasquez. Ein Bild, für das man sich Zeit lassen sollte. Was ein menschliches Gesicht auszudrücken vermag, hier ist es festgehalten. Insbesondere aber Mißtrauen, Melancholie, Verlassenheit. »Troppo vero« - »zu wahr«, so die kurze Bemerkung des Innozenz angesichts seines Porträts.

Bernini brauchte drei Jahre, um das geplante Monument auf der Piazza Navona fertigzustellen. Die Aufrichtung des Obelisken über dem Brunnen erwies sich als besonders schwierig. Der von Bernini angestrebte Eindruck der Leichtigkeit des Obelisken, des Schwebens über dem Brunnen, brachte besondere technische Probleme mit sich. Seine Konkurrenten, von Bernini kurz als »Steineklopfer« qualifiziert, sparten denn auch nicht mit düsteren Prognosen. Jeden Tag sahen sie den Obelisken umstürzen, und sie rechneten Bernini vor, daß die Wasserzufuhr des Brunnens in dem Gewirr der Felsen einfach nicht funktionieren könne. Doch sie sollten sich täuschen. Die Wasserzufuhr war zwar ein Problem besonderer Art, aber Bernini schaffte es. Möglich, daß auch der Papst hier Zweifel hegte, doch hatte Bernini für diesen Fall vorgesorgt. »Da es der Papst zu sehen wünschte«, so ein zeitgenössischer Bericht, »war dieses Werk schon vollendet, stand aber noch umhüllt von Bretterzäunen und Zeltbahnen, um es den Blicken zu verbergen. Und wie Innozenz da hineintrat, begleitet von seinem Staatssekretär, Kardinal Panzirolo, und von fünfzig Hofleuten aus dem Kreis seiner Vertrauten, da übertraf der Anblick, der sich ihm bot, seine Erwartung und alles, was er davon gehört hatte. Er ging um die Fontäne herum und verweilte bewundernd bei jedem Teil; eine gute halbe Stunde lang weidete er das Auge an dem Bilde des Ganzen, denn wo immer auch der Betrachter seinen Standpunkt wählte, war der Eindruck gleichermaßen überwältigend. Zweimal machte der Papst Anstalten, sich loszureißen, doch er konnte sich nicht sattsehen, und endlich erkundigte er sich, wann denn das Wasser in den Brunnen springen würde? Und Bernini täuschte ihn mit Willen und sagte, das brauche seine Zeit, denn dem Wasser müsse der Weg bereitet werden, doch er wolle sich Mühe geben, Seiner Heiligkeit in aller Bälde damit aufzuwarten. Daraufhin erteilte Innozenz ihm den Segen und brach auf. Doch er war noch nicht bis zur Tür in der nahen Lattenwand gelangt, da hörte man das Wasser schon rauschen, denn der Cavaliere hatte insgeheim schon all seine kunstreichen Vorkehrungen getroffen, so daß das Wasser auf sein Geheiß sogleich in Fülle aus den Röhren quoll. Und da der frische Wohllaut so unverhofft kam, versetzte er den Papst in um so größeres Entzücken.«

Eine Felsformation, nach oben hin zuwachsend, dekoriert mit exotischen Pflanzen und Tieren, sie gibt die Basis des Obelisken, hebt ihn hoch, scheinbar mühelos, »der Statik spottend«. Vier große, sitzende Marmorfiguren verkörpern die Flußgötter von Donau, Nil, Ganges und Rio de la Plata. Sie gelten als Symbole für die damals bekannten vier Erdteile. Das halb verdeckte Haupt des Nils, mehr aber noch der dramatisch ausgestreckte Arm und der entsetzte Gesichtsausdruck des Rio

54. Der Vierströme-Brunnen mit Donau, Nil, Ganges und Rio de la Plata.

de la Plata, sie haben schon oft Anlaß gegeben zu fragen, was Bernini damit eigentlich habe ausdrücken wollen. Die originellste, wenn auch sicher nicht zutreffendste Interpretation wird mit Borromini in Verbindung gebracht, dem Baumeister der Barockfassade von S. Agnese, der Familien- und Grabeskirche des Papstes, die dem Obelisken-Brunnen direkt gegenüber steht: »Weshalb verdeckt der Nil sein Gesicht? Ein altüberkommener Spaß behauptet, um nicht die Fassade von Sant' Agnese sehen zu müssen. Aber seiner Kopfhaltung nach wäre er eher in der Gefahr, die langweilige Fassade von San Giacomo zu erblicken, die einen in der Tat zum Augenverhüllen bringen könnte, indessen zur Zeit, da Bernini seinen Brunnen schuf, noch nicht in der heutigen Form bestand. Und auch Sant' Agnese wurde erst nach dem Brunnen errichtet. Ebenso ist gesagt worden, Nil und Rio de la Plata erhöben die Arme, um sich gegen niedergehende Gesteinsbrocken zu schützen, denn der Einsturz der beiden Türme von Sant' Agnese sei jeden Augenblick zu erwarten. Nun, die erhobenen Arme erklären sich anders: nach dem ersten Entwurf sollte jeder der vier Stromgötter einen Wappenschild in die Höhe halten. Hintergrund dieser Späße ist die Feindschaft zwischen Bernini und seinem großen Nebenbuhler Borromini, dem Schöpfer jener Fassade, die Bewunderung verdient, so elegant und sicher ist sie, ein wenig zurückgenommen und durch die beiden frischen Seitentürme betont der Front des Palastes Pamfili eingefügt.
Noch einmal: warum verhüllt der Nil sein Gesicht? Die oft vorgebrachte Erklärung, die auf die damals noch unentdeckten Nilquellen hinweist, scheint mir gesucht. Mit gleichem Recht ließe sich sagen, er betrauere die Abschleppung des Obelisken, deren einen er ja vor Augen hat, aus seiner Heimat. Nein, man muß den echt barokken Grundgedanken des Brunnens ins Auge fassen, nämlich diesen: alle vier Erdteile, durch ihre Hauptströme vertreten, huldigen der Kirche und dem Papsttum, zugleich aber auch der Person des derzeitigen Pontifex, vor dessen Familienpalais der Brunnen steht. Afrika als noch am wenigsten vom Lichte der Heilsbotschaft erleuchtet, erscheint halb verhüllt. Oder deutet die Bewegung des Nils schon ein Lupfen des Schleiers an?« So Werner

55. Die Hieroglyphen des Domitian-Obelisken.

Bergengruen in seinem »Römischen Erinnerungsbuch«.

Am 14. Juni 1651 wurde der Brunnen eingeweiht. Bei den Römern fand er jedoch nicht die Zustimmung, die sich der Papst erhofft hatte, ihre Begeisterung hielt sich in Grenzen. Aber dies hatte mit dem Brunnen und dem Obelisken, dieser »nutzlosen Nadel«, wie sie sich ausdrückten, nur bedingt zu tun, wenngleich sie sich auch über die hohen Kosten erregten, die der

56. G. Pannini »Lago di Piazza Navona«

Papst in einer Art Sondersteuer auf die Hausbesitzer der Stadt verteilt hatte. Sie ärgerten sich vielmehr über die Veränderung ihrer geliebten Piazza. Der Papst hatte nämlich bei der Errichtung des Brunnens für die Piazza Navona eine Verschönerungsaktion angeordnet, der sämtliche Verkaufsbuden und Marktstände, die hier zum Teil seit Jahrhunderten ihren angestammten Platz hatten, zum Opfer gefallen waren. Das bunte, geschäftige Leben auf der Piazza war dahin, die Römer hatten einen beliebten Treffpunkt verloren. Das war es, was sie dem Papst übelnahmen. Als unglücklicherweise in dieser Zeit auch noch der Brotpreis in die Höhe ging, schien das Maß voll. Schnell war das eine mit dem anderen verbunden, und der Volkszorn entlud sich in Tumulten und Krawallen. »Pane, pane, non fontane!« schrien die aufgebrachten Römer den Kutschen des Papstes nach, wo immer sich diese in der Stadt sehen ließen.

Innozenz stand diesem Aufruhr einigermaßen verständnislos gegenüber. Hatte er Rom nicht den schönsten Brunnen seiner Geschichte geschenkt, mit einem Obelisken geschmückt, der eine Taube auf seiner Spitze trug, »welche den Ölzweig des Friedens tragend und mit Lilien der Tugend bekränzt, in Rom triumphiert«? Und nun so etwas.

Aber auch das ging vorüber, und natür-

lich fanden die Römer im Laufe der Zeit auch wieder Gefallen an ihrer Piazza. Spätestens wird dies der Fall gewesen sein, als man sich einfallen ließ, die Piazza Navona an heißen Tagen durch Verschließen der Brunnenabflußrohre in einen »Lago di Piazza Navona« zu verwandeln, in einen künstlichen See. Das war nun wieder ganz nach ihrem Geschmack.

Ursprünglich als Tummelplatz und zum Amüsement der großen Welt gedacht, die mit ihren goldenen Kutschen durch das aufspritzende Wasser rauschte, verstanden es die Römer, den künstlichen See mit der Zeit für sich zu erobern und damit das aristokratische Vergnügen in ein Volksfest zu verwandeln. Wie es dabei zuging, beschreibt uns der Amerikaner William Wetmore Story, ein Augenzeuge, der sich von 1850 bis 1857 in Italien aufhielt:

»Aus den umliegenden Straßen strömen carretieri, vetturini und Reitknechte in Mengen auf die piazza, auf Pferden, Maultieren und Eseln jeder Art; einige reiten zu zweit oder sogar zu dritt, und alle lachen und schreien, so laut sie nur können. Dann kommen, mit einem Trompetenstio, die Dragoner- und Artilleriepferde herangaloppiert, begleitet von Hunderten von kleinen Tunichtguten, die ihre Hosenbeine bis zum Schritt nach oben gekrempelt haben, und – patsch – gehen sie alle ins Wasser. Die Pferde wiehern, die Esel schreien, die Leute schreien, die kleinen Jungen sind auf möglichst viel Unfug aus und bewerfen sich mit verfaulten Orangen, ausgedrückten Zitronen und grünen Melonenschalen, bis schließlich der Platz vom Aufruhr der Stimmen und dem Spritzen des Wassers widerhallt.

Am nächsten Tag ist der Spaß besser. Die Bevölkerung drängt sich am äußeren Rand, wo eine Reihe von Buden errichtet ist. An den Fenstern der Häuser herrscht ein Gedränge von fröhlichen Gesichtern, leuchtenden Gewändern und winkenden Taschentüchern. Nicht nur Pferde, Maultiere und Esel werden jetzt in den künstlichen See getrieben, auch Wagen wälzen sich, bis zu den Achsen versinkend, im Wasser und plantschen sorglos umher. Überall knallen Peitschen, als gingen tausend Schwärmer gleichzeitig in die Luft. Pferde schlagen aus und schnauben vor Aufregung, werfen manchmal ihre Kutschen um und tauchen die Fahrer in ein improvisiertes Bad.«

Die Wasserspiele hielten sich erstaunlich lange, bis zum Jahre 1867. In jüngster Zeit gingen Meldungen durch die italienische Presse, man beabsichtige, das alte Schauspiel neu zu beleben und die Piazza gelegentlich wieder in einen künstlichen See zu verwandeln. Doch darf man das wohl nicht zu ernst nehmen. Pläne für derartige Vorhaben ändern sich in Rom noch schneller als anderswo.

*

Basis-Inschriften des Navona-Obelisken:

»Innozenz X., Pontifex Maximus, hat den mit ägyptischen Rätselbildern beschriebenen Stein auf darunter fließenden Flüssen errichtet, damit dieser den Spaziergängern heilsame Annehmlichkeit, den Dürstenden einen Trunk und den Nachdenkenden Speise hochherzig gewähren möge.«

*

»Die schädlichen Zeichen der Ägypter beschwert Innozenz mit einer Taube, welche den Ölzweig des Friedens tragend und mit den Lilien der Tugend bekränzt, sich den Obelisken als Siegeszeichen setzend, in Rom triumphiert.«

DER OBELISK VOR S. MARIA SOPRA MINERVA

Alexander VII. hat im Jahre des Heils 1667 den alten Obelisken, das Denkmal der ägyptischen Pallas, aus der Erde herausgegraben, auf dem ehemaligen Forum der Minerva, dem heutigen Forum der Gottesmutter, aufrichten lassen und der göttlichen Weisheit geweiht.«

So eine Inschrift auf der Basis des »Elefanten-Obelisken« vor der S. Maria sopra Minerva. Mit der »ägyptischen Pallas«, von der hier die Rede ist, war die Göttin Isis gemeint. Der Obelisk war zwei Jahre zuvor im Garten des Dominikanerklosters, direkt hinter der Kirche S. Maria sopra Minerva, wieder aufgefunden worden. Er mußte seinen alten, angestammten Platz, von ein paar Schritten abgesehen, also nicht verlassen. Das hatte er den meisten anderen Obelisken in Rom voraus.

Von ihm weiß man, daß er ein echter Ägypter ist, daß er, bevor er nach Rom in den Isistempel kam, schon an die siebenhundert Jahre einer anderen Göttin gedient hatte, der Schöpfergöttin und Sonnenmutter Neith im ägyptischen Sais. Er stammt aus der Zeit des Pharao Uahibre, der auch als Hophra der Bibel bekannt ist, ein Zeitgenosse des frühen römischen Königs Tarquinius Priscus aus dem sechsten Jahrhundert vor Christi. Obwohl mit drei Meter vierzig der kleinste aller römischen Obelisken, ist er der bekannteste. Dazu verhalf ihm der große Bernini, der die Idee hatte, den Obelisken auf einen Elefanten zu stellen, von den Römern das »Schweinchen« genannt. Ausgeführt hat die Arbeit sein Schüler Ercole Ferrata. Bernini soll den Auftrag seines päpstlichen Gönners für zu gering erachtet haben, als daß er sich hätte mit der Ausführung selbst beschäftigen müssen, hieß es in Rom. Er, der berühmteste Baumeister der Stadt, habe Wichtigeres zu tun gehabt. Er habe mit dem Elefanten, der als Symbol der Weisheit verstanden wurde, ohnedies nur auf sein Genie anspielen wollen. Ob es zwischen diesen Gerüchten und der liebevollen Bezeichnung »Schweinchen« einen irgendwie gearteten Zusammenhang gibt, steht dahin.

Nun war die Idee mit dem Elefanten nicht so neu. Bereits vor Bernini findet sich in Catania ein Brunnen mit einem obeliskentragenden Elefanten, der wiederum Vorbild war für einen Obelisken, den man 1549 in Paris zu Ehren des französischen Königs Henri II. auf ein Rhinozeros gesetzt hatte. Und noch früher, 1499, zeigt ein Holzschnitt aus der »Hypnerotomachia Poliphili« bereits einen Obelisken, der auf einem Elefanten steht. Bernini hat von

57. Einer der frühen Entwürfe Berninis für die Aufstellung des Obelisken vor S. Maria sopra Minerva.

diesen Vorläufern gewußt. Aber es wäre ungerecht, ihm nachzusagen, er habe diese Idee einfach übernommen, anderes sei ihm dazu nicht eingefallen. Es gibt schöne und schwungvolle Entwürfe von ihm, die sehr wohl auch andere Motive zeigen. Da jonglieren Engel und Heilige mit dem scheinbar schwerelosen Obelisken wie im Spiel oder halten behütend ihren Arm um ihn geschlungen, daß man glaubt, sie wollten ihm ein Schlaflied singen. Einer der Entwürfe geht auf die Mönche des Dominikanerklosters ein. Er zeigt eine Meute riesiger Hunde, die den Obelisken auf ihrem Rücken tragen. Dies war als diskreter Hinweis auf die »Hunde Gottes« zu verstehen, auf die »Domini canes«.

58. Der »Elefanten-Obelisk«

Daß der Elefant in seiner jetzigen Aufstellung dem Konvent der Dominikaner sein Hinterteil zukehrt, gab den Römern wiederum Anlaß zu lästerlichen Bemerkungen. Ein flinkes Epigramm des Satirikers Sargardi: »Der Elefant dreht sich ab von ihnen und trompetet mit seinem Rüssel: ›Das, Dominikaner, ist es, was ich von euch denke!‹« Bleibt zu hoffen, daß ihm der heilige Dominikus im Laufe der Jahrhunderte diese Unehrerbietigkeit verziehen hat.

Die Kirche der Dominikaner, S. Maria sopra Minerva, ist die einzige gotische Kirche in Rom. Erbaut im »stile barbarico«, wie man sich hier gelegentlich geringschätzig ausdrückt, steht sie auf den Überresten des alten Minerva-Tempels. Minerva, eine Göttin des himmlischen Pantheons, war im alten Rom die Schutzgöttin der Stadt, und sie war die besondere Schutzpatronin des Kaisers Domitian.

Unter dem Hochaltar befindet sich das Grab der Katharina von Siena, der Schutzpatronin Italiens. Das fünfundzwanzigste Kind eines Wollwebers aus der Toscana machte in Rom Kirchengeschichte. Sie war es, die Papst Gregor XI. 1377 zur Rückkehr von Avignon bewog und die den Gegenpapst öffentlich einen Judas nannte. Als der Papst der schwierigen kirchenpolitischen Lage in Rom nicht Herr wurde und zurück nach Avignon ging, weissagten sie und ihre Mitschwester Brigitte seinen baldigen Tod. Vier Monate später starb der Papst in Avignon.

Katharina von Siena war eine wortgewaltige Rednerin und eine gewandte Schriftstellerin. Kein Problem ihrer Zeit, zu dem sie nicht nachdrücklich Stellung bezogen hätte. Ihr Rat war gleichermaßen gefragt wie gefürchtet. Aus ihrer umfangreichen Korrespondenz kennt man noch etwa vierhundert Briefe. Sie starb im Alter von dreiunddreißig Jahren. Der mit Neonröhren beleuchtete Sarg unter dem Altar enthält lediglich ihren Körper. Der Kopf und dazu ein Finger wurden von ihrem Beichtvater mit nach Siena genommen, in ihre Heimat. Dort werden die Reliquien in der Basilika Cateriniana di S. Domenico aufbewahrt.

In der S. Maria sopra Minerva hat auch Fra Angelico sein Grab, der Maler der »himmlischen Freuden«. Auch er stammt aus der Toscana, genau wie Giotto, der die Malerei der Gotik zu einem ersten Höhepunkt führte, und wie Leonardo und Michelangelo. Es ist auffallend, wie viele große Geister gerade im Mittelalter aus der Toscana kommen. Dort entstand die klassische italienische Literatur. Dante, Petrarca, Boccaccio sind dort zu Hause, aber auch Amerigo Vespucci, ein Mann, nach dessen Namen ein Kontinent benannt wurde, und auch Galilei, mit dem das moderne wissenschaftliche Denken begann. Zur Zeit Galileis war die S. Maria sopra Minerva Sitz der berüchtigten hohen Inquisition. »Und sie bewegt sich doch« soll hier der berühmte Gelehrte trotzig vor dem höchsten

Kirchengericht behauptet haben, die Erde nämlich, die sich um die Sonne dreht. 1633 endete der Prozeß mit der Abschwörung und Verurteilung Galileis.

Gut 30 Jahre später, im Jahre 1667, wird unser Obelisk vor der Kirche aufgerichtet. Papst Alexander VII. gibt dem Elefanten-Sockel die vielsagende Inschrift mit: »Der du dies zu sehen bekommst, erkenne darin den Beweis, daß man schon einen kräftigen Geist haben muß, um die Last der Weisheit zu ertragen.« Schicksal und Tragik des Galilei hätte man nicht treffender formulieren können, wenngleich auch anzunehmen ist, der Papst habe mit dieser Inschrift nicht unbedingt Galilei im Sinn gehabt.

Vielleicht war sie auch nur als ironische Ermunterung des Papstes zu verstehen, gerichtet an die Adresse der Studenten der damals noch nahe gelegenen päpstlichen Akademie, der Gregoriana. »Sitz der Weisheit, bitte für uns!«, so begannen sie jeweils ihre Vorlesungen, »Sedes Sapientiae«, eine Fürbitte, die offensichtlich nicht unerhört blieb, wenn man bedenkt, daß aus dieser altehrwürdigen Universität im Laufe der Zeit über ein Dutzend Päpste hervorgingen.

Die Gründung der Gregoriana, ehemals das Collegium Romanum, geht auf Ignazio von Loyola zurück, den berühmten Ordensgeneral der Jesuiten. Ein Spanier, kleinwüchsig und von ungeheurer Selbstdisziplin. Sein Credo: »Wahre dir in allen Dingen die Freiheit des Geistes. Schiele in nichts auf Menschenurteil, sondern halte deinen Geist innerlich so unabhängig, daß du stets auch das Gegenteil von dem tun könntest, was du gerne tust. Mache dich niemals ohne kluge Unterscheidung gemein mit den Vielen. Meide die Vertraulichkeiten. Berate dich mit deinem Geist und siehe zu, wohin er dich treibt. Halte dich immerdar geübt - im inneren und äußeren Leben.«

Als er 1622 heiliggesprochen wird, bauen ihm seine Mitbrüder eine der schönsten Kirchen Roms, S. Ignazio, in unmittelbarer Nähe des Pantheon-Obelisken gelegen, der zu dieser Zeit noch seinen Platz auf der Piazza Macuta hatte und der, gleich dem Elefanten-Obelisken, aus dem Tempel der Isis kam. In S. Ignazio verdient besondere Beachtung das plastische Deckengemälde, das den verklärten Heiligen beim Einzug ins Paradies zeigt, ein Paradestück perspektivischer Barockmalerei. Eine andere Szene des Deckenfresko zeigt die Ausbreitung der christlichen Lehre in die damals bekannten vier Erdteile, Australien fehlt noch. Damit wird auf die Missionsarbeit der Jesuiten hingewiesen, ein besonderes Anliegen dieses Ordens. Der erste Missionar, der nach China ging, war ein Jesuit, Franz Xaver. Seine mumifizierte Hand befindet sich in der Il Gesu, der Hauptkirche der Jesuiten, wo auch Ignazio von Loyola sein Grab hat. Ein faszinierendes Kapitel, die Missionsgeschichte Chinas. Nach der Zahl der Konvertiten war zwar die Missionierung nur mäßig erfolgreich, und die innerkirchlichen Querelen zwischen Jesuiten und Dominikanern, die zum sogenannten »Ritenstreit« führten, drohten das ganze Unternehmen schließlich scheitern zu lassen, aber wissenschaftlich gesehen war die Tätigkeit der Jesuiten für China wie für das von China begeisterte Europa von größter Bedeutung. Auf dem Gebiet der Mathematik, der Astronomie und besonders der Kartographie haben die Jesuiten in dieser Zeit Hervorragendes geleistet. Der »Novus Atlas Sinensis« des Paters Martinus Martini und der sogenannte »Jesuitenatlas« waren über zweihundert Jahre lang bestimmend für das Bild Chinas.

Ein rational geordnetes Staatswesen wie China hatte naturgemäß auch auf die Männer der europäischen Aufklärung große Anziehungskraft. Namen wie Leibniz, Poivre, Hume und Voltaire sind da zu nennen. Und schließlich wirkte sich die Begegnung mit China ja auch in der Kunst aus. Chinesischer Formenreichtum hielt Einzug in die europäische Architektur, in die Malerei, ins Kunstgewerbe. Höhepunkt: Die europäischen Fürstenhöfe im Glanz des festlichen Rokoko à la chinoise.

Solcherart präsentiert, das wäre unserem Obelisken sicher nicht bekommen. Die Schnörkel des Rokoko hätte er wohl mit Recht als unpassend empfunden. Seine Zeit war die des Barock, und er hat den Formprinzipien dieser Zeit, die auch bei der Wiederaufrichtung der alten Obelisken auf zusätzliche und gelegentlich auch gekünstelte Stil- und Bauelemente nicht verzichten mochte, vollauf Rechnung getragen, indem er sich auf einen Elefanten stellen ließ. Mehr war ihm nicht abzuverlangen. Seine Brüder, die in früherer Zeit aufgestellt worden waren, hatten ihre Wirkung noch ganz aus sich selbst bezogen, aufrechtstehend auf einem einfachen, schlichten Podest.

Da steht er nun, und es ist merkwürdig, sich vorzustellen, daß er zur Zeit Marco Polos, der 1271 die ersten Handelskontakte mit China anknüpfte, noch im Schutt der Minerva lag. Dagegen stand er 1200 Jahre früher, als der Römer Lucanus allen Ernstes behauptete, das Land der Seide – China – liege an den Quellen des Nils, bereits im Tempel der Isis. Er hätte als echter Ägypter Lucanus über seinen Irrtum aufklären können. Oder auch nicht, denn die Quellen des Nils wurden sehr spät entdeckt, erst Mitte des letzten Jahrhunderts. Zu dieser Zeit aber stand unser Obelisk schon wieder an die 200 Jahre auf seinem Elefanten vor der S. Maria sopra Minerva.

DER OBELISK VOR DEM PANTHEON

Lange Zeit hat man geglaubt, er sei ein römischer Obelisk, er sei in Rom angefertigt worden, und Nero habe ihn im Iseum aufstellen lassen. Doch das war ein Irrtum. Inzwischen weiß man, daß er aus Heliopolis kommt und daß seine Hieroglyphen, die Namen und Titel Ramses' II. wiedergeben, echte ägyptische Hieroglyphen sind.

Er wurde schon früh aufgefunden, bereits 1374 kam er bei der S. Maria sopra Minerva wieder zum Vorschein, leicht beschädigt und »unkomplett«, wie es in alten Schriften heißt. Über eventuelle Ausbesserungen finden sich keine Angaben.

Seinen neuen Platz erhält er auf der Piazza Macuta, neben der späteren S. Ignazio. Hier gelangt er zu einer gewissen Berühmtheit durch das Gerücht, er sei das Grabmonument des Brutus. Das war natürlich nicht der Fall – aber die Römer liebten solche phantastischen Gedankenspielereien, wie sie ja auch lange mehr oder minder ernsthaft behauptet hatten, die Asche Caesars befände sich in der Kugel des Vatikanischen Obelisken. Des Rätsels Lösung: Auf der Piazza Macuta wohnte ein Lehrer namens Brutus, dessen Name allein Grund genug war, ihrer Phantasie freien Lauf zu lassen.

Gut dreihundert Jahre später, im Jahre 1711, rückt der Obelisk ein Stück weiter, so an die hundert Meter, zur Piazza della

59. Die Piazza della Rotonda.

60. Der Obelisk auf der Piazza della Rotonda mit Wappen und Inschrift von Papst Clemens XI.

Rotonda. Hier findet er seinen Platz über einem mit wasserspeienden Delphinen und Masken geschmückten Brunnen, der zu dieser Zeit auch schon ein ehrwürdiges Alter hatte, ein Werk von Giacomo della Porta.

Aufgestellt wurde der Obelisk wieder von einem Fontana, von Carlo Fontana, einem Landsmann des großen Domenico und Baumeister des Papstes Clemens XI. Zuvor war lange überlegt worden, ob die Piazza della Rotonda auch die geeignete Stelle sei für den Obelisken, denn es sah dazumal gar nicht so gut aus auf der Piazza, sie war völlig heruntergekommen. Im Gespräch waren noch die Porta di Ripetta, die Piazza Navona – dort sollte der Obelisk über dem Nordbrunnen thronen – und schließlich die Piazza Campo dei Fiori, der Blumen- und Gemüsemarkt, wo man gut hundert Jahre zuvor Giordano Bruno verbrannt hatte. Schließlich aber entschied sich Clemens XI. dann doch für die »Rotonda«. Er ließ, nachdem er schon viel Geld für die Renovierung des Pantheons ausgegeben hatte, die Piazza und ihre Umgebung mit großem Kostenaufwand renovieren und gab damit dem Obelisken und dem ihm gegenüber liegenden altehrwürdigen Tempel einen eindrucksvollen Rahmen.

Aus Anlaß der Einweihung erschien eine

61. Die Hieroglyphen des Obelisken nennen Namen und Titel Ramses' II.

Gedenkmünze, eine besondere Auszeichnung für unseren Obelisken, denn eine derartige Ehrung hatte man bis dahin nur seinen »großen« Brüdern zuteil werden lassen, die ihn um das Vier- bis Fünffache überragten und deren Wiederaufrichtung eine große Aktion gewesen war: dem Obelisken vor dem Lateran und dem auf dem Petersplatz. Nun könnte man spekulieren, daß auch der Obelisk auf der Piazza della Rotonda ursprünglich größer gewesen sei, daß seine zwanzig römische Fuß, das sind etwas über sechs Meter, lediglich die abgebrochene Spitze eines großen Obelisken bildeten. Solche Überlegungen sind nicht ganz von der Hand zu weisen, wenn man sich an die alten Aufzeichnungen hält, die besagen, daß der Obelisk bei seinem Wiederauftauchen im Jahre 1374 »unkomplett« gewesen sei. Vielleicht hat man wirklich ein Stück des Schaftes abgeschnitten.

Bleibt von seinem berühmten Nachbarn und Zeitgenossen zu berichten, von Roms schönstem Tempel, dem Pantheon. Ludwig Curtius liefert uns in seiner Rombeschreibung dazu das Stichwort: »Wie taktvoll, daß der Brunnen mit dem Obelisk auf dem Platz, wo an gewissen Wochentagen immer noch die Bauern und Gutsverwalter der römischen Campagna sich zu ihren Geschäften treffen, so klein und zierlich spielerisch gehalten ist. Das Pantheon beherrscht seine Umgebung. Wie groß erscheint mir das Römertum, das diesen Bau erdacht hat. Er gehört in die Zeit Hadrians und daher, wie uns die Historiker belehren, in die Epoche des sinkenden Römertums. Dieser vollkommenste Bau der Welt und sinkendes Römertum. Da muß in dieser Geschichtsschreibung wohl irgendein Fehler stecken.«

Der große Hadrian ist der Bauherr des Pantheons, auch wenn über dem Eingang nicht sein Name steht, sondern der des Marcus Agrippa. Agrippa hatte an dieser Stelle einen ersten Tempel bauen lassen, 27 v. Chr., aber dieser Tempel brannte ab. Kaiser Domitian, der Wohltäter der Isis, versuchte das gleiche noch einmal, aber auch sein Tempel fiel den Flammen zum Opfer, in der gleichen Nacht übrigens, in der auch der Isistempel abbrannte. Schließlich schaffte es Hadrian. Sein Tempel hat die Zeit überdauert, wenn auch nicht ohne erhebliche Blessuren. Der Name Marcus Agrippa steht auf dem Fries der Vorhalle lediglich aus Pietät.

Der Kuppelbau des Pantheons wurde bereits im Altertum als architektonische Meisterleistung gefeiert, als »Inbegriff der Vollkommenheit«, wie Curtius schreibt. »Die Verbindung der auf griechischer Tradition fußenden Säulenvorhalle mit der auf römischem Formgefühl basierenden Kuppel«, das war neu für Rom, das hatte es bis dahin noch nicht gegeben.

62. Das Pantheon als antiker Tempel. Ideal-Vedute eines unbekannten Stechers.

Die praktischen Römer zeigten indes vor dem »Inbegriff der Vollkommenheit« wenig Respekt, zumindest zeitweilig. Im Mittelalter mauerten sie zwischen die prächtigen sechzehn Granitsäulen der Vorhalle kleine, halbhohe Zwischenwände, und fertig war die neue Markthalle. Das Geschäft konnte beginnen. Den Segen der nahe wohnenden Götter erhielten sie dabei gratis. Es hat großer Anstrengungen bedurft, bis der alte Zustand wiederhergestellt werden konnte.

Und noch jemand machte sich am Pantheon zu schaffen: Bernini. Er setzte der klassisch-griechisch orientierten Vorhalle zwei barocke Glockentürme auf, von den Römern »Eselsohren« genannt. Ein merkwürdiges und doch auch amüsantes Stilarrangement. Erst im Jahre 1893 hat man die »Eselsohren« wieder abgerissen.

Geradezu klassisch-ideal sind die Maße des Pantheons. Raumhöhe und Durchmesser sind gleich, nämlich 43,30 Meter, die Seitenwände und die Höhe der Kuppel sind mit 21,65 Meter ebenfalls gleich. Würde man die Kuppel zu einer Kugel ergänzen, so würde sie auf die Mitte des Fußbodens auftreffen. Die Kuppel ist aus Gußmörtel hergestellt, und sie ist in der Wandung so dick, wie unser Obelisk hoch ist, gut sechs Meter. Sie übertrifft in ihrer Größe noch die des Petersdoms. Bramante und Michelangelo haben sie denn auch mit Fleiß studiert. Einzige Lichtquelle ist ein kreisrunder offener Ausschnitt in der Kuppel von etwa neun Meter Durchmesser. Das vielbesungene »römische Licht« kann also ungehindert hinein. Natürlich auch der römische Regen.

»Der Raum darin allein reißt ohne Wort und Feier einen Menschen von Gefühl zur Anbetung hin und entrückt ihn aus der Zeit in die Unermeßlichkeit. Sobald man hineintritt, fängt man an zu schweben, man ist in der Luft, und die Erde verschwindet. Das Licht, das einzig oben durch die blaue heitere himmlische weite Rundung in die reine Form hineinleuchtet, hebt auf Flügeln mit schaueriger Leichtigkeit in die Höhe. Kein Tempel je hat so etwas Süßes, Banges, erquickend Unendliches in mir erregt; ich sehnte mich frei zu sein und oben in Genuß und Ruhe.« So der Schriftsteller Wilhelm Heinse.

Gewidmet war der Tempel den Göttern

des himmlischen Pantheons. Die Kuppel symbolisierte das Himmelsgewölbe. Man nimmt an, sie sei mit Sternen bemalt gewesen. Martin Luther, der bei seinem Romaufenthalt auch das Pantheon besuchte, schreibt: »Oben am Gewölbe waren alle Götter der Heiden gemalt, Jupiter, Neptunus, Mars, Venus und wie sie mehr geheißen haben. Diese Götter allzumal waren miteinander eins, auf daß sie nur die ganze Welt bethöreten und betrügen möchten; aber da Jesus Christus kommt, den wollen sie nicht leiden; nach hat er sie ausgestäupet.«

Im Jahre 609 wird der Tempel des Hadrian zu einer christlichen Kirche. Papst Bonifaz IV. erhielt ihn von dem byzantinischen Kaiser Phokas zum Geschenk. Bonifaz ließ achtundzwanzig Wagenladungen mit den Gebeinen christlicher Märtyrer hier beisetzen und weihte den Tempel der heiligen Maria. Folglich hieß das Pantheon nun »Sancta Maria Martyres«.

»Welch andere Kirche der Welt ist merkwürdiger geweiht worden? Alle Heiligen an Stelle aller Götter! Welch fesselnder Anlaß zu tiefen, philosophischen und religiösen Meditationen! ... Petrus mit seinen eindrucksvollen Schlüsseln verdunkelt die des alten Janus. Die unbefleckte Jungfrau besteigt den Altar der sinnverwirrenden Venus. Ich sehe Christus ins Pantheon einziehen, mit all seinen Evangelisten, seinen Aposteln, seinen Gelehrten, seinen Märtyrern, seinen Beichtvätern ... Bei seinem Anblick vergehen die Menschengötter vor dem Gott-Menschen ... Das ist das Ergebnis: alle Tugenden sind an die Stelle aller Laster getreten.« *Roger Peyrefitte*

Die kostbare Ausstattung des Tempels, Marmor, Bronze, Gold – die Dachziegel sollen mit reinem Gold belegt gewesen sein –, fand im Laufe der Zeit mancherlei Liebhaber. Zunächst waren da die Barbaren, die bei der Plünderung Roms das meiste mitgehen ließen. Von dem verbliebenen Rest wollte Kaiser Konstans II. im Jahre 663 einen Teil mit nach Konstantinopel nehmen. Aber er kam nicht weit damit, er wurde auf der Heimreise in Syrakus erschlagen, das mitgeführte Gold ging verloren. Dann machte sich ein Papst an die Demontage des himmlischen Pantheons, Urban VIII. aus dem Hause Barberini. Er ließ aus den reichhaltigen Bronzevorräten

63. Das Pantheon mit den »Eselsohren« des Bernini.

des Tempels achtzig Kanonen anfertigen, und für den Baldachin über dem Hochaltar des Petersdoms hat es auch noch gereicht. Ein strapaziertes Epigramm aus dieser Zeit: »Was die Barbaren übrigließen, vernichteten die Barberini.«

Heute ist das Pantheon Gedenkstätte für die berühmten Söhne des Landes. Könige und Künstler wurden hier beigesetzt, so zum Beispiel auch Raffael. Zu Goethes Zeiten hat man noch geglaubt, der Schädel des Raffael befände sich in der Akademie S. Luca. Als Goethe in Rom war, hielt er hier den vermeintlichen Raffaelschädel in der Hand und kam dabei zu der Auffassung, daß in diesem »trefflichen Knochenbau … eine schöne Seele bequem spazieren konnte …«. 1883 wurde von einer Expertenkommission der Sarg des Raffael geöffnet. Schädel und Skelett waren vollständig, wie sich zeigte, wenn auch vom Tiberschlamm arg mitgenommen. Die Römer hatten Gelegenheit, sich von der Vollständigkeit des Raffael zu überzeugen: Bevor der Sarg wieder geschlossen wurde, gab man die Gebeine für ein paar Tage zur Besichtigung frei, ausgestellt in einer Glasvitrine.

Die Grabplatte des großen Malers und

Architekten trägt die Inschrift: »Hier ruht jener Raffael, von dem zu seinen Lebzeiten die große Mutter aller Dinge – die Natur – fürchten mußte, besiegt zu werden, während sie jetzt, da er tot ist, glaubt, selber sterben zu müssen.«

Die Piazza della Rotonda – keine ist schöner als sie, ausgewogener, von solch wohltuender Harmonie. Kein Platz in Rom, wo man den Göttern so nahe kommt, keiner, wo sich die Götter näher kommen, gleichsam auf Tuchfühlung lebend. Die Götter des himmlischen Pantheons in friedlicher Eintracht mit den christlichen Märtyrern und Heiligen, dazu Gott Amun, dem durch den Obelisken des Ramses auf der Piazza Zeugnis und Ehre zuteil wird, gleich dem göttlichen Pharao, eine erlauchte Runde. Und auch Isis ist ja nicht weit, in deren Tempel der Obelisk über Jahrhunderte seinen Dienst getan hat, es sind nur eine paar Schritte bis zu ihr, der Vielgeliebten, die »Weib und Mann zusammenführte« und die verfügte, »daß man das Wahre für schön hält«. Welch einzigartiges Zusammentreffen, welch gewaltige Anstrengung zum Schutz und zum Glück der Menschen. Wer möchte schon glauben, daß sich die Götter vertreiben ließen, auswechseln, ja ersetzen. Wären sie sonst Götter gewesen, allmächtige Götter, unendlich und unsterblich?

Kein schlechter Platz für unseren Obelisken. Ein Logenplatz gewissermaßen. Und gespielt wird Welttheater. Jeden Tag.

»... hier sind den Göttern selber die Götterbilder ein Staunen, und dem gestalteten Bild gleich zu sein, sehnen sie sich. Niemals vermochte Natur so Götterbilder zu schaffen, wie im bewunderten Bild Götter sich formte der Mensch. Leben strahlen die Himmlischen aus, sie genießen Verehrung mehr noch als Werke der Kunst, als ihrer Gottheit zulieb ...« *Hildebert von Lavardin*

FARBTAFELN

Die Obelisken Sixtus' V. und Pius' VI.
Lünetten und Wand-Gemälde
in der Vatikanischen Bibliothek.

I. Der Petersplatz bei der Krönung Sixtus' V., April 1585. Links im Hintergrund der Obelisk von St. Peter, der zu dieser Zeit noch an seiner alten Stelle steht, im ehemaligen Circus des Nero.

II. Der Transport des Obelisken vor die Hauptfassade von St. Peter.

III. Der Obelisk nach seiner Neuerrichtung auf dem Petersplatz im Jahre 1586.

IV. S. Maria Maggiore mit dem im Jahre 1587 errichteten Obelisken vom Mausoleum des Augustus. Das Fresko zeigt die Überführung Pius' V. in die Capella Sistina, die Grabkapelle Sixtus' V.

V. Der Obelisk vor dem Lateran, 1588. Hier stand zuvor die Reiterstatue des Marc Aurel, die heute ihren Platz auf dem Kapitol hat.

VI. Der Obelisk auf der Piazza del Popolo, 1589. Im Hintergrund S. Maria del Popolo mit dem Pincio.

VII. Der Architekt Giovanni Antinori stellt Pius VI. das Modell des Quirinal-Obelisken vor. Der Obelisk kam vom Mausoleum des Augustus und wurde 1786 errichtet.

IX. Präsentation des Gnomon, ehemals Zeiger der Augusteischen Sonnenuhr auf dem Marsfeld. Vor der Curia Innocenciana errichtet im Jahre 1792.

VIII. Der Obelisk des Sallust vor der Trinità dei Monti, 1789.

DIE OBELISKEN DES PIUS VI.

Der Obelisk auf dem Quirinal
1786
Der Obelisk vor der Trinità dei Monti
1789
Der Obelisk auf dem Monte Citorio
1792

*

Gott wollte, daß die Kirche ihre Geburt dem Kreuz und Leiden, ihre Glorie der Schmach, ihr Licht den Finsternissen des Irrtums, ihre Fortschritte den Angriffen der Feinde verdankt. War doch ihre Herrlichkeit niemals reiner, als wenn die Menschen sie am meisten zu verdunkeln suchten.«

Pius VI.

*

»... Pius ruft mich zurück an das Licht und befiehlt, daß ich, der ausgebesserte Obelisk, auf dem Gipfel des Quirinalshügels aufrecht stehen soll, der ich in der Mitte zwischen den gewaltigen Bildwerken Alexanders die großen Taten Pius VI. bezeugen werde.«

Basis-Inschrift des Quirinal-Obelisken

DER OBELISK AUF DEM QUIRINAL

»Der andere ist nicht ausgegraben neben der Kirche S. Rocci«, so der Vermerk des Andreas Fulvio in seinen »Antiquitates Urbis« aus dem Jahre 1527 über den zweiten Obelisken des Augustus-Mausoleums. Gut zwanzig Jahre später, 1549, kam er »kurz ans Licht«. Ein Signor Soderini hatte ihn beim Mausoleum auf der Suche nach verschütteten Altertümern entdeckt – und auch wieder zugedeckt. Letzteres wohl, so wird vermutet, auf Anordnung der »Camera Apostolica«, die Signor Soderini auferlegt hatte, Grund und Boden nach den Sucharbeiten wieder in den alten Zustand zu versetzen.

Ausgegraben wird der Obelisk im Jahre 1781 unter Papst Pius VI. Damit kam dieser Obelisk fast zweihundertfünfzig Jahre später auf den Weg als sein Bruder und Schicksalsgefährte an der S. Maria Maggiore. Die Grabungsarbeiten waren schwierig, und sie zogen sich über ein Jahr hin. Auch dieser Obelisk war, wie die meisten seiner Vorgänger, in drei Stücke zerbrochen und stark beschädigt. Sein neuer Platz wurde ihm auf dem Quirinal zugewiesen, auf dem höchsten der sieben Rom-Hügel, und dort direkt vor der Haustüre der päpstlichen Sommerresidenz. Hier hatten die Päpste fast dreihundert Jahre lang ihr sommerliches Domizil, hier, so die Chronisten, soll es weniger offiziell zugegangen sein als im Vatikan. Von hier aus soll der Papst nicht als Oberhirte der Christenheit gesprochen haben, sondern als Bischof von Rom, als Seelsorger, ja als ein friedfertiger Vater. Doch Zweifel sind erlaubt. So friedfertig sieht der Geschützturm am Eingang des Quirinalpalastes nun auch wieder nicht aus. Eine gewisse Nachdrücklichkeit ist ihm nicht abzusprechen. In den Jahren 1870 bis 1946 war der Quirinalpalast die Residenz der italienischen Könige. Danach wurde er Sitz des Staatspräsidenten. Unübersehbar, daß hier in besonderer Weise auf Distanz geachtet wird. Die Torwachen, eine Hand immer an

64. Piranesi, Der ›Monte Cavallo‹ vor Errichtung des Obelisken.

der Maschinenpistole, blicken kühl und abschätzend, und die patrouillierenden Polizeiposten verstehen es durchaus, einem das Gefühl zu vermitteln, daß man ein ungebetener Besucher ist. Sich für einige Zeit dem Obelisken zu widmen, scheint in besonderer Weise verdächtig. Vielleicht war die frostige Atmosphäre im Altertum ähnlich. Immerhin sah der Quirinal eine nicht minder gewichtige Persönlichkeit als den Staatspräsidenten, nämlich den von Isis geliebten Kaiser Domitian. Er wurde hier in der »Granatapfelstraße« geboren. Sueton:

»Domitian wurde am 24. Oktober des Jahres, in dem sein Vater das Konsulat übernahm, geboren, und zwar in der sechsten Region in einem Haus der Granatapfelstraße, das er später in einen Tempel der Gens Flavia umwandelte.« Und Martial schreibt mit Blick auf den Tempel:

»Der jetzt allen geöffnet, gedeckt mit Marmor und Golde, der Fleck Erde sah einst unseren Herrn als Kind.« Und noch ein anderer römischer Kaiser hat hier seine Spuren hinterlassen: Konstantin der Große. Er baute auf dem Quirinal seine »mit Gold und Mosaiken geschmückten« Thermen.

Die beiden Statuen mit ihren Pferden, die heute den Obelisken links und rechts flankieren, stammen aus dieser Zeit, sie standen ehemals vor dem Eingang der Thermen. Nach ihnen, den »cavalli marmorei«, den marmornen Pferden, erhielt der Platz vor dem Quirinalpalast den Namen »Monte Cavallo«. Die Statuen stellen die Dioskuren Castor und Pollux dar. Es sind römische Kopien, die nach griechischen Vorbildern gearbeitet wurden. Sie werden Phidias und Praxiteles zugeschrieben, zwei Bildhauern, die auch als Philosophen bekannt wurden. Gemäß einer alten Beschriftung, die allerdings heute nicht mehr existiert, hat man früher in den Monumenten ein Abbild des großen Alexander und seines legendären Pferdes Bukephalos gesehen.

Vor den päpstlichen Palast gerieten Castor und Pollux durch Papst Sixtus V., der sie, zusammen mit einem kleinen Brunnen, durch Domenico Fontana hier aufstellen ließ. Zweihundert Jahre später wird das Ensemble dann komplettiert. Pius VI. fügt den Obelisken des Augustus-Mausoleums hinzu, »nachdem die Bildsäulen und Sockel« – gemeint sind damit Castor und Pollux – »die in einer Reihe aufgestellt waren und in einer glücklichen Unternehmung und ohne Beschädigung auf die Seite geräumt worden waren«.

65. Heutige Ansicht des Quirinal-Obelisken.

In das Fundament ließ der Papst zwölf Medaillen einmauern, versehen mit seinem Porträt und einem dem Anlaß entsprechenden Text. Das erste Stück des Obelisken wurde am 23. September 1786 aufgestellt, das zweite am 30. September und das dritte am 3. Oktober. Drei Wochen später, am 21. Oktober, fand die feierliche Einweihung statt. Nahezu sechstausend Pfund Bronze, die aus der Engelsburg stammten, dem Mausoleum des Hadrian, wurden für die Applikationen verwendet. So für die vier Adler mit den hängenden Girlanden, für die Lilien und für das Familienwappen des Papstes, das Wappen der Braschi, und schließlich für das alles überragende Kreuz. In das Kreuz hinein gab der Papst Reliquien der Apostel Petrus, Paulus und Andreas sowie die des Pius V., des großen Vorbilds des Sixtus, der 1712 heilig gesprochen worden war. Die Absicht, vor dem Obelisken noch eine große Brunnenschale aufzustellen – sie sollte vom Forum kommen, dem Campo Vacchino, der »Kuhweide« –, wurde unter Pius VI. nicht mehr realisiert. Dies geschah erst unter Pius VII. Die Basis des Obelisken wurde auf der Südseite wie folgt beschriftet:

ME QVONIDAM AEGYPTI DESECTVM
E CAVTIBVS VNDAS VIS QVEM PER
MEDIAS ROMVLA TRANSTVLERAT
VT STAREM AVGVSTI MOLES
MIRANDA SEPVLCRI CAESAREVM
TIBERIS QVA NEMVS ADLERET
IAM FRVSTRA EVERSVM
FRACTVMQVE INFESTA VETVSTAS
NISA EST AGGESTIS CONDERE
RVDERIBVS NAM PIVS IN LVCEM
REVOCAT SARTVMQVE QVIRINI
SVBLIMEM IN COLLIS VERTICE
STARE IVBET INTER ALEXANDRI
MEDIVS QVI MAXIMA SIGNA
TESTABOR SEXTI GRANDIA
FACTA PII

»Die feindliche Nachwelt hat sich vergeblich unterfangen, mich, den einst aus den Felsen Ägyptens herausgeschnittenen [und später] beschädigten und zerbrochenen [Obelisken], den römische Tatkraft durch das Mittelmeer herübergebracht hatte, damit ich als bewunderungswürdiger Riesenbau beim Augusteischen Grabmal, wo der Tiber den Caesarischen Hain bespülte, stehen sollte, durch herbeigebrachten Schutt zu bedecken, denn Pius ruft mich zurück an das Licht und befiehlt, daß ich, der ausgebesserte [Obelisk], auf dem Gipfel des Quirinalshügels aufrecht stehen soll, der ich in der Mitte zwischen den gewaltigen Bildwerken Alexanders die großen Taten Pius VI bezeugen werde.«

Sieht man sich die Inschrift genauer an, so ist zu erkennen, daß der Schluß des letzten Satzes umrandet ist. Man hat den Eindruck, als sei er korrigiert bzw. ausgetauscht worden. Und so ist es auch. Im Original hieß die letzte Zeile:

»TESTABOR QUANTO SIT MINOR ILLE PIO«, was etwa bedeutete, daß sich hier Pius VI. über den großen Alexander stellte. Offenbar hatte sich der Textgestalter, es war der Bibliothekar des Kardinals Albani, Stefano Morcelli, in seiner Bewunderung für den Papst zu sehr hinreißen lassen – wenn auch sicher nicht ohne dessen Wissen und Zustimmung.

Den Römern war das gar nicht recht, diese Formulierung wurde als unpassend empfunden, und sie gab Grund für mancherlei Verstimmung. Das ging so weit, daß sie in einer Nacht-und-Nebel-Aktion die Inschrift des westlichen Dioskuren, die besagte, daß es sich um ein Werk des Phidias handle, um ein »OPUS PHIDIAE«, in ein »OPUS PERPHIDIAE« umschrieben. Geändert jedoch wurde die Ärgernis erregende Inschrift erst unter Pius VII., dem Nachfolger des regierenden Pontifex. Er ließ die letzte Zeile so formulieren, wie sie sich heute darbietet. Nunmehr also ist nur noch die Rede von den »großen Taten« des Papstes und nicht mehr von einem Größenvergleich mit Alexander.

Pius VII. mag den ursprünglichen Text auch persönlich als unpassend empfunden haben, mehr aber noch wird es ein diplomatisches Kalkül gewesen sein, das ihn zu der Änderung veranlaßte. Französische Truppen hatten Rom besetzt. Napoleon reagierte auf alles, was mit dem Vatikan und dem Papst zu tun hatte, gereizt und mißtrauisch. Die Auswirkungen der Französischen Revolution, der Geist der Aufklärung, die Probleme des Absolutismus, dies waren Kriterien, die zur Konfrontation geführt hatten. 1798 wurde Pius VI. für abgesetzt erklärt, nachdem er für den enthaupteten König Ludwig XVI. einen Trauergottesdienst abgehalten und päpstliche Truppen den französischen General Duphot erschossen hatten. Innerhalb von drei Tagen sollte der »Bürger Papst« Rom verlassen. Als er sich weigerte, wurde er im Quirinalpalast durch den französischen General Haller verhaftet und mit Gewalt außer Landes gebracht. Ein Jahr später starb er im französischen Exil. Auf seine Bitte, ihn in Rom sterben zu lassen, soll General Haller geantwortet haben: »Sterben können Sie überall.« Der persönliche Besitz des Papstes wurde als französisches Nationaleigentum betrachtet und verkauft.

Die Römer haben ihm nicht sonderlich nachgetrauert. Anläßlich der Wiederherstellung der Republik sangen sie im Petersdom das Te Deum, und auf dem Kapitol regierte im Zeichen der Trikolore als Bürgermeister Luigi Onesti-Braschi, ein Verwandter und besonderer Protegé des Papstes, den Pius VI. zu seiner Zeit zum Herzog gemacht hatte.

DER OBELISK VOR DER TRINITA DEI MONTI

»Eines Glücksfalls muß ich erwähnen, obgleich eines geringen. Doch alles Glück, groß oder klein, ist von *einer* Art und immer erfreulich. Auf Trinità dei Monti wird der Grund zum neuen Obelisk gegraben, dort oben ist alles aufgeschüttetes Erdreich von Ruinen der Gärten des Lucullus, die nachher an die Kaiser kamen. Mein Perükkenmacher geht frühe dort vorbei und findet im Schutte ein flach Stück gebrannten Ton mit einigen Figuren, wäscht's und zeigt es uns. Ich eigne es mir gleich zu. Es ist nicht gar eine Hand groß und scheint von dem Rande einer großen Schüssel zu sein. Es stehn zwei Greifen an einem Opfertische, sie sind von der schönsten Arbeit und freuen mich ungemein. Stünden sie auf einem geschnittenen Stein, wie gern würde man damit siegeln!«

Goethe in seiner »Italienischen Reise«, 13. Februar 1787.

Man vermag sich gut vorzustellen, wie Goethe sich über diesen Fund gefreut hat, waren ihm doch in Rom die Antike und die Beschäftigung mit ihr von besonderer Bedeutung. Möglich, daß er an der Trinità dei Monti noch des öfteren vorbeigegangen ist, in der Hoffnung, ein weiteres antikes Fundstück aufzutreiben, der Weg hier herauf war ja für ihn nicht allzuweit. Etwa zehn Minuten brauchte er von seiner Wohnung am Corso bis hierher.

Der Obelisk, für den »der Grund gegraben wurde«, war der Obelisk des Sallust. Zwar hat Sallust ihn nie gesehen – er starb bereits 35 v. Chr. –, dennoch trägt der Obelisk seinen Namen, und das, weil man ihn in seinen Gärten aufgestellt hatte, den »Horti Sallustiani«. Dieser Obelisk ist ein ägyptischer Obelisk, wie Amianus Marcelinus in seiner »Res Gestae« ausdrücklich bestätigt. Allerdings erhielt er seine Hieroglyphen erst in Rom. Keine sehr schönen Hieroglyphen, wie allzuleicht zu erkennen ist. Römische Steinmetzen haben sie ihm regelrecht verpaßt, sie sind grob und zum

Teil auch fehlerhaft. Athanasius Kircher schreibt, man habe wohl versucht, die Hieroglyphen des Obelisken von der Piazza del Popolo zu kopieren.

Woher der Obelisk kommt und wem er ehemals geweiht war, weiß man nicht, ebensowenig weiß man, wer ihn nach Rom gebracht hat und um welche Zeit er hier ankam. Der Historiker Mercati ist der Meinung, es sei unter Claudius geschehen, der von 41 bis 54 n. Chr. römischer Kaiser war, der Mann der berüchtigten Messalina. Andere Quellen weisen in die Zeit des mordlüsternen Commodus, Sohn des Marc Aurel, oder auch in die des Gallienus, der Mitte des dritten Jahrhunderts regierte.

Ob sich Goethe für den Sallust-Obelisken und seine Geschichte näher interessiert hat, ist nicht bekannt. Daß die Obelisken Roms, diese »ungeheuren Massen«, jedoch ihre Wirkung auf ihn nicht verfehlt haben, so beispielsweise der Obelisk auf dem Monte Citorio, dies hat er oft bezeugt. In seiner Abhandlung »Über den Granit« schreibt er:

»Der Granit war in den ältesten Zeiten schon eine merkwürdige Steinart und ist es zu den unsrigen noch mehr geworden. Die Alten kannten ihn nicht unter diesem Namen. Sie nannten ihn Syenit, von Syene, einem Orte an den Grenzen von Äthiopien. Die ungeheuren Massen dieses Steines flößten Gedanken zu ungeheuren Werken den Ägyptiern ein. Ihre Könige errichteten der Sonne zu Ehren Spitzsäulen aus ihm, und von seiner rotgesprenkelten Farbe erhielt er in der Folge den Namen des Feurigbunten. Noch sind die Sphinxe, die Memnonsbilder, die ungeheuren Säulen die Bewunderung der Reisenden, und noch am heutigen Tage hebt der ohnmächtige Herr von Rom die Trümmer eines alten Obelisken in die Höhe, die seine allgewaltige Vorfahren aus einem fremden Weltteile ganz herüberbrachten.«

So interessant aber auch die ägyptischen Altertümer in Rom für ihn gewesen sein mögen, zeitweilig distanzierte er sich auch davon – geschult an Winckelmann und Herder ging sein Sinn und tieferes Verständnis doch fast ausschließlich zur römischen Antike hin.

Über die Kompromißlosigkeit, mit der das geschah, hat man sich oft gewundert. Als 1816 bei Cotta seine langerwartete

66. Blick vom Sallust-Obelisken über Rom.

»Italienische Reise« erschien, waren seine römischen Freunde tief enttäuscht. Was Goethe da beschrieb, war nicht das Rom, das sie kannten, nicht das ganze Rom, das war nicht ihr Italien.

Goethe war am Barock völlig vorbeigegangen, er hatte kein Wort für den großen Bernini, kein Wort für die Renaissance und für das Mittelalter. Kaum, daß er etwas über Kunst schrieb, über Raffael, nichts über Giotto – wollte er denn nicht Maler werden? Nichts schrieb er über die politischen und sozialen Verhältnisse in Italien. War dies wirklich der Mann, dessen Vielseitigkeit so hoch gepriesen wurde? Sein Biograph Friedenthal stellt lapidar fest: »Goethe hat sehr viel in Italien nicht gesehen.«

Altertum, Antike, das war's, das zählte. Goethe schreibt: »Ein saures und trauriges Geschäft ist es, das alte Rom aus dem neuen herauszusuchen, und doch muß man es, und es gibt die beste Freude. Man trifft Spuren einer Herrlichkeit und einer Zerstörung, die beide über unsere Begriffe gehen. Was die Barbaren stehen ließen, haben die Baumeister des neuen Rom verwüstet.«

Kommen wir zu den »Horti Sallustiani«. Sie waren riesig, und sie gehörten zu den schönsten Gärten Roms. Gelegen zwischen dem Pincio und dem Quirinal, zogen sie sich hin bis zur Porta Salaria. Entsprechend den enormen Grundstückspreisen im alten

Rom muß ihr Besitzer unermeßlich reich gewesen sein. Und reich war Sallustius. Sein Geld kam aus Afrika, er war Statthalter der Provinz Afrika und damit Verwalter einer der reichsten Provinzen des römischen Imperiums. Außerdem war er Quaestor, Volkstribun und Berater des großen Caesar. Und Historiker war er auch, einer der größten, ein Klassiker der römischen Geschichtsschreibung.

In den herrlichen Gärten dieses bemerkenswerten Mannes hatte der Obelisk seinen Platz dort, wo sich heute das Deutsche Archäologische Institut befindet, gelegen zwischen der Via Siciliana und der Via Sardegna, in unmittelbarer Nähe des Lesesaales.

Lange hat man vermutet, daß es in den Gärten des Sallust auch einen Circus gegeben habe, ja möglicherweise sogar zwei: den »Circus Sallustii« und den »Circus Florae«, den man sich dort vorstellte, wo heute die Piazza Barberini ist und auf deren Gelände man sich noch einen weiteren, einen verschütteten Obelisken erhoffte. Doch blieb dies Spekulation. Die Formel, wo ein Obelisk, da auch ein Circus, wo zwei Circi, da zwei Obelisken, erwies sich als nicht haltbar.

Die Gärten des Sallust gingen bald in kaiserlichen Besitz über. Und die Kaiser haben sich hier ausgesprochen wohl

67. Der Obelisk des Sallust, errichtet 1789.

gefühlt. Der gute und praktische Vespasian hat sie sogar für das Volk geöffnet, wohl ohne Eintrittsgebühren zu erheben, wie zu vermuten steht, obwohl ihm das nicht leichtgefallen sein dürfte. War er doch nicht nur ein guter, sondern auch ein äußerst geschäftstüchtiger Kaiser. Von ihm stammte die Idee mit der Urinsteuer. »Non olet« soll er seinem Sohn Titus gesagt haben, sie riecht nicht, und ihn dabei an einer Münze haben riechen lassen, die aus eben dieser Art von Steueraufkommen stammte.

Unser Obelisk hat lange in den Gärten des Sallust überdauert, und zwar stehend. Im 15. Jahrhundert wird berichtet, er sei umgestürzt und in zwei Teile zerbrochen, aber er sei noch sichtbar, noch nicht verschüttet. Letzteres mag besonders die Topographen der Stadt gefreut haben, waren ihnen doch die malerischen Obeliskenbrocken willkommenes Dekor für ihre Darstellungen des »Neuen Rom«. Ende des 16. Jahrhunderts zeigt Sixtus V. für ihn Interesse. Er hatte die Absicht, ihn vor der S. Maria degli Angeli aufzustellen. Doch es kam nicht dazu. 1621 gerät er in den Besitz des Kardinals Ludovisi, eines Neffen Gregors XV., der ihn den Orsinis abgekauft hatte, zusammen mit den weitläufigen Gärten. Gut hundert Jahre später bittet Papst Clemens XII. Principessa Ippolita – die letzte der Ludovisi –, ihm den Obelisken zu überlassen, in der Absicht, ihn vor dem Hauptportal der Lateranbasilika aufzustellen. Die Principessa willigte in die Bitte des Papstes ein, wenn auch nur zögernd, und der Obelisk wurde abtransportiert zur Piazza di Giovanni in Laterano. Seine Basis verblieb jedoch an ihrem alten Platz, sie ging nicht mit zur Lateranbasilika. Glaubte man sie an der neuen Stelle nicht zu benötigen, hatte man die Absicht, sie später nachzuholen, wollte die Principessa sie womöglich nicht herausgeben? Man weiß es nicht.

Unter Papst Clemens XII. erhielt die Lateranbasilika ihre große Hauptfassade. Es mag der Plan des Papstes gewesen sein, in Ergänzung dazu dem Obelisken einen entsprechenden Platz zu geben, ähnlich wie dies Sixtus V. auf der anderen Seite der Basilika, gegenüber dem Lateran, mit dem Obelisken des Thutmosis III. getan hatte. Doch dieser Plan, wenn er denn so bestanden haben soll, kam nicht zur Ausführung.

Der Obelisk blieb liegen. Die Gründe sind unbekannt.

An die fünfzig Jahre dauerte die Ruhepause. Der »Sallustius« wurde lediglich einmal aufgeschreckt durch Überlegungen allerhöchster Stellen, die in Erwägung zogen, ihn nach Frankreich zu deportieren. Von dort kam 1765 eine Anfrage, ob man wohl in Rom über ein Monument verfüge, das geeignet erscheine, vor dem Hauptportal der Kathedrale Notre-Dame in Paris zu stehen. Man wolle dies natürlich auch bezahlen und denke so an 20 000 bis 25 000 Francs. Der Papst, es war Clemens XIII., bot prompt den Obelisken des Sallust an und noch dazu den Gnomon des Augustus. Ob sich der Papst wirklich auf diesen Handel eingelassen hätte, ob ihm die Obelisken wirklich so gleichgültig waren oder ob sein Angebot als eine freundliche Geste in Richtung Frankreich zu verstehen war, hinter der sich möglicherweise eine politische Absicht verbarg, darüber wurde gerätselt. Die politischen Beziehungen zwischen Rom und Paris waren wieder einmal gespannt. In Frankreich hatte man die Jesuiten ausgewiesen und ihnen dabei hohe Schuldverpflichtungen auferlegt. Der gesamte Besitz des Ordens war beschlagnahmt worden. Grund dieser Unbill: Die Jesuiten betrieben auf den Antillen Plantagen, deren Erzeugnisse sie u.a. in Frankreich verkauften. Als sie dabei in geschäftliche Schwierigkeiten gerieten, machten sie dafür den französischen Staat verantwortlich. Die Reaktion darauf war entsprechend. Eine so starke Verstimmung vermochten denn auch die Obelisken nicht mehr zu beeinflussen. Man nahm beiderseits Abstand.

Nach gut fünfzig Jahren also geht es weiter. Ehemals in den Gärten des Sallust zu Hause, erhält der Obelisk unter Papst Pius VI. seinen neuen Platz in den ehemaligen Gärten des Lucullus, auf dem Pincio, und hier vor der Trinità dei Monti, oberhalb der Spanischen Treppe.

Um sicherzugehen, daß der Obelisk auch von dieser für das Stadtbild so markanten Stelle die erhoffte Wirkung zeigen würde (er ist nicht sonderlich groß, er mißt an die vierzehn Meter), ließ der Papst zuvor ein Holzmodell von ihm in Originalgröße anfertigen und vor der Trinità dei Monti aufstellen. Die Sichtprobe von der Piazza di Spagna aus und von der Quattro Fontane, zu der sich Pius VI. samt Gefolge eingefunden hatte, muß wohl zu allseitiger Zufriedenheit ausgefallen sein, denn kurz darauf begannen die Vorbereitungen für die Bauarbeiten.

Ein schöner Platz für unseren Obelisken. In solch herausragender Position zu stehen, dieses Vergnügen hätte er, so es der Principessa Ippolita genehm gewesen wäre, schon einige Zeit früher haben können. Bereits 1733, im gleichen Jahr, in dem Papst Clemens XII. um den Obelisken nachgesucht hatte, war der französische Erzbischof d'Ambrun an die Principessa herangetreten und hatte gleichfalls um den Obelisken gebeten, um ihn genau dort aufstellen zu lassen, wo er nunmehr angekommen war, auf dem Pincio, vor der Trinità dei Monti.

Wie kam es, daß ein französischer Erzbischof in solch offensichtliche Konkurrenz zu seinem Papst treten konnte? Das Gelände auf dem Pincio war im Besitz des französischen Königs, einschließlich der Kirche Trinità dei Monti und des angrenzenden Klosters, und damit konnten die Franzosen darüber bestimmen, was hier oben zu geschehen hatte und was nicht.

Doch der Erzbischof unterlag. Er war nicht der Etikette entsprechend vorgegangen, er hatte nicht den offiziellen Weg gewählt. Der nämlich hätte über die französische Embassade zur Principessa geführt, und zwar in Form einer hochoffiziellen Anfrage. Statt dessen hatte sich der Erzbischof direkt an die Principessa gewandt. Im Hause Ludovisi war man konsterniert, und der Obelisk wurde Seiner Heiligkeit Papst Clemens XII. zugesprochen.

Der Pincio und seine nähere Umgebung hatten schon immer ihren besonderen Reiz. Unter den »Baumeistern des neuen Rom«, die bei Goethe so schlecht weggekommen sind, war in den Jahren 1721 bis 1725 die grandiose und vielbewunderte Spanische Treppe entstanden, an der Piazza di Spagna gelegen, eine der eindrucksvollsten Leistungen des Spätbarocks. Es wäre richtiger, sie die Französische Treppe zu nennen, denn die Franzosen haben sie finanziert, sie haben ihren Bau überhaupt erst möglich gemacht. Doch spielt der Name für die Römer keine so große Rolle, sie nennen sie schlicht die Scalinata della Trinità dei Monti, entsprechend dem

68. Der Obelisk mit der Spanischen Treppe.

Namen der Kirche, zu der sie hinaufführt. Auf der rechten Seite der Treppe steht das Haus, in dem der englische Dichter John Keats gewohnt hat, der nach Rom gekommen war, um seine Schwindsucht zu kurieren. Kurze Zeit später ist er hier gestorben. Sein Sterbezimmer führt zur Spanischen Treppe hinaus. Dem Haus gegenüber, auf der anderen Seite der Piazza di Spagna, wohnte Keats Freund, Lord Byron. Er starb an einem Mückenstich: Malaria. Der Dritte im Bunde der englischen Dichterfreunde in Rom, Percy Bysshe Shelley, ertrank bei Viareggio. Keats und Shelley fanden ihre letzte Ruhestätte auf dem protestantischen Friedhof in Rom, im Schatten der berühmten Cestius-Pyramide, eines Relikts des Ägyptenkults aus der Zeit des Augustus. »Man könnte sich in den Tod verlieben, wenn man an einem so lieblichen Ort begraben wird«, hatte einst Shelley von diesem Friedhof geschwärmt. Drei Schatten der Piazza di Spagna, des Spanischen Platzes, den Gabriele d'Annunzio einmal den schönsten der Welt genannt hat.

Jahrhundertelang war dieser Platz ein Treffpunkt der Fremden. Hier waren die Stammquartiere der von auswärts kommenden Künstler, besonders die der Holländer und der Engländer, der Teesalon des Fräulein Babington etwa, links von der Spanischen Treppe, oder auch, auf der

69. Piranesi, Wanddekoration für das Caffè Inglese.

rechten Seite, das Caffè Inglese, das uns der englische Maler Jonas so schildert:

»Ein schmutziger, gewölbter Raum, dessen Wände mit Sphinxen, Pyramiden und Obelisken nach den bizarren Entwürfen von Piranesi bedeckt waren: Sachen, die besser als Dekorationen von ägyptischen Gräbern dienen sollten als für einen Raum der Unterhaltung. Indem wir im Winter rings um ein Kohlenbecken hockten, versuchten wir die Zeit mit dem Vertilgen von Kaffee oder Punsch totzuschlagen.«

Treffpunkt der deutschen Künstler war das Caffè Greco oder auch Caffè Tedesco genannt, gleich um die Ecke der Piazza, in der Via Condotti. Hier traf sich, was Rang und Namen hatte. Wer von den deutschen Künstlern nach Rom kam, ging zuerst einmal ins Greco. Hier traf man alte Bekannte wieder, Freunde und »Feinde«, hier erhielt man die sehnsüchtig erwartete Post.

Wer saß nicht alles im Greco, Winckelmann, Thorvaldsen und Richard Wagner, hier saßen Berlioz und Liszt, der in Rom die Fürstin Caroline Sayn-Wittgenstein zu heiraten gedachte und der, nachdem ihm dies nicht gelang, hier die niederen Weihen annahm und sich fortan Abbé Liszt nannte. Rossini saß hier, Canova und auch Casanova, Nietzsche und Schopenhauer. Ihn hätte man hier bald einmal verprügelt, als er sich über die Nazarener lustig machte und ihnen empfahl, doch lieber die griechischen Götter zu malen als ihre religiösen Bilder alter Schule.

Über das Greco schrieb Felix Mendelssohn 1830 an seinen Vater: »Es sind furchtbare Leute, wenn man sie in ihrem Café Greco sitzen sieht. Ich gehe auch fast nie hin, weil mich zu sehr vor ihnen und ihrem Lieblingsort graut. Das ist ein kleines, finsteres Zimmer, etwa acht Schritt breit und auf der einen Seite der Stube darf man Tabak rauchen auf der anderen aber nicht. Da sitzen sie denn auf den Bänken umher, mit den breiten Hüten auf, große Schlächterhunde neben sich, Hals, Backen, das ganze Gesicht mit Haaren zugedeckt, machen einen entsetzlichen Qualm (nur auf der einen Seite des Zimmers), sagen einander Grobheiten; die Hunde sorgen für Verbreitung von Ungeziefer; eine Halsbinde, ein Frack wären Neuerungen – was der Bart vom Gesicht frei läßt, das versteckt die Brille, und so trinken sie Kaffee und sprechen von Tizian und Pordenone, als säßen sie neben ihnen und trügen auch Bärte und Sturmhüte! Dazu machen sie so kranke Madonnen, schwächliche Heilige, Milchbärte von Helden, daß man mitunter Lust bekommt dreinzuschlagen ...«

Auch Goethe verkehrte im Greco, obwohl man sich das, nach der Schilderung des Caffès durch Mendelssohn, nur schwer vorzustellen vermag. Kaum zu glauben, daß er hier an seiner »Iphigenie« gearbeitet haben soll. Er wird sich am Corso in Gemeinschaft seiner Mitbewohner, darunter sein Maler-Freund Tischbein, sicher sehr viel wohler gefühlt haben. In der »Italienischen Reise« ist die Rede von »Ruhe und Frieden«, die er hier am Corso genieße, von einer »eingerichteten Häuslichkeit« und von der Fürsorglichkeit der Hausleute, die für ihn und die Mitbewohner »wie für Kinder« sorgten und die z.B. untröstlich darüber waren, daß er seine Zwiebelsuppe nicht essen mochte. Daß Goethe nicht sonderlich an anderem Umgang gelegen war, dies wiederum erzürnte die deutschen Künstler im Greco. Sie wünschten sich ihren Goethe umtriebiger, mehr im Rampenlicht, auf dem Präsentierteller. Aufgebracht schrieb der Maler Müller an Heinse: »Goethe logierte beim Maler Tischbein, schien ein Staatsgefangener von dem neugebackenen Antiquar Hirt, von Schütz und Bury zu sein. Diese machten seine Leibgarde aus, und es schien mir immer, wenn ich den starken Goethe unter den schmalen Schmachtlappen so herummarschieren sah, als erblickte ich den Achill unter den Weibern von Skyros.«

Dem Maler Johann Heinrich Wilhelm Tischbein, dem »Künstlerwesen«, wie Goethe ihn nannte, in dem man »lebt wie in einem Spiegelzimmer, wo man auch wider

Willen sich selbst und andere oft wiederholt sieht«, verdanken wir eines der schönsten Goethebilder:

»Goethe in der Campagna«. »Ich bemerke wohl«, so Goethe, »daß Tischbein mich öfters aufmerksam betrachtet, und nun zeigt sich's, daß er mein Porträt zu malen gedenkt. Sein Entwurf ist fertig, er hat die Leinwand schon aufgespannt. Ich soll in Lebensgröße, als Reisender, in einen weißen Mantel gehüllt, in freier Luft auf einem umgestürzten Obelisken sitzend, vorgestellt werden, die tief im Hintergrund

70. Tischbein, ›Goethe in der Campagna di Roma‹. Die Hieroglyphen des Obelisken sind bereits übermalt.

liegenden Ruinen der Campagna di Roma überschauend. Es gibt ein schönes Bild, nur zu groß für unsere nordischen Wohnungen. Ich werde wohl dort wieder unterkriechen, das Porträt aber wird keinen Platz finden.«

Es ist ein Bild der Freundschaft. Vieles, was die beiden Männer zusammen erlebt haben, was sie verbunden hat, findet sich hier wieder. Der umgestürzte Obelisk etwa, von Tischbein zunächst noch mit Hieroglyphen versehen, später jedoch wieder übermalt, er steht für den Obelisken auf dem Petersplatz, wo die Freunde einst ihre Trauben aßen. Das Relief mit Orest, Pylades und Iphigenie erinnert an das abendliche Vorlesen am Corso, die im Hintergrund liegenden Albaner Berge mit dem Grabmal der Metalla, an ihre gemeinsamen Ausflüge. Und nicht zuletzt der große Malerhut und der weite Mantel, die das Bild in besonderer Weise charakterisieren, sie durften auch hier nicht fehlen, waren sie doch Anlaß für mancherlei Amüsement gewesen.

Als Goethe im Februar 1787 mit Tischbein nach Neapel fährt, ist das Bild noch nicht fertig. Goethe reist von hier aus weiter nach Sizilien, Tischbein führt in Neapel Verhandlungen um die Stellung eines Akademiedirektors, die man ihm dort angeboten hatte. Auf der Rückreise Goethes treffen sich beide noch einmal in Rom. Doch ihre Freundschaft hatte gelitten, sie zerbrach, zum großen Bedauern Goethes. Der »Reisende auf dem Obelisk« verläßt Rom im April 1788. Das fertige Bild hat er nie gesehen.

Zu diesem Zeitpunkt sind die Arbeiten auf dem Pincio für die Errichtung des Sallust-Obelisken in vollem Gange, wenn auch gelegentlich unterbrochen durch starke Regenfälle. Besondere Schwierigkeiten hatte der Papst anfänglich mit den französischen Ordensbrüdern des Klosters der Trinità dei Monti, die befürchteten, daß ihre Kirche durch die Fundamentarbeiten Schaden leiden würde. Der Platz zwischen der Kirche und der Spanischen Treppe war schmal, schließlich hatte man schon genug Angst ausgestanden, als die Treppe angelegt wurde. In einem Brief an den französischen Ambassador, Kardinal de Bernis, hatten sie um Hilfe gebeten und ausdrücklich darauf verwiesen, daß Kirche und Konvent unter dem Schutz des französischen Hofes stünden, ja daß schließlich doch der ganze Pincio Eigentum des französischen Königs sei, »Monte Pincio appartiene veramente al Re di Francia«, und daß es nicht angehe, daß hier der Papst nach eigenem Gutdünken schalten und walten könne. Damit hatten die Mönche deutlich an ihr Hausrecht erinnert, und dem Papst war nichts anderes übriggeblieben – wollte er nicht das ganze Projekt gefährden –, als sich unmißverständlich für alle eventuell entstehenden Schäden voll verantwortlich zu erklären. Eine Erklärung, die der so selbstbewußte Pius VI. geradezu als Nötigung empfunden haben muß. Die Besitzverhältnisse auf dem Pincio sind im übrigen bis auf den heutigen Tag unverändert. Kirche und Kloster sind Eigentum der Franzosen, ebenso auch die Villa Medici, die nur wenige Schritte entfernt liegt und in der sich seit dem Jahre 1803 die französische Kunstakademie befindet. Im Innenhof dieser Villa, vor der Gartenfassade, stand lange Zeit der mediceische Obelisk (aus dem Tempel der Isis), der 1787 nach Florenz ging, in die Gärten des Palazzo Pitti. Im gleichen Jahr, in dem dieser

71. Der Obelisk des Sallust von der Trinità dei Monti aus gesehen.

Obelisk seinen Platz verließ, wurden die Fundamente für den Obelisken des Sallust gelegt. Der eine ging, der andere kam.

Schwierig wurde es hier oben, als die Bauarbeiten so weit fortgeschritten waren, daß man daran gehen konnte, den Obelisken auf das vorbereitete Podest zu heben. Wiederum erwies sich, daß der enge Platz vor der Trinità dei Monti denkbar ungeeignet war für ein solch aufwendiges Unternehmen. Wohin mit den notwendigen Gerätschaften, mit den Gerüsten, den Flaschenzügen? Schließlich kam man auf den Gedanken, von der Villa Medici aus eine hölzerne Brücke zu bauen, die direkt auf das Podest des Obelisken führte. Auf diese Weise wurde gleichzeitig die dazwischenliegende Senke, die sich als besonders transport- und arbeitserschwerend erwies, vermieden.

Es war dies ein ungeheurer technischer Aufwand, der den Römern reichlich Gelegenheit zu lästerlichen Bemerkungen bot, um so mehr, als durch den hereinbrechenden Winter das ganze Unternehmen wieder ins Stocken geriet. Sie konnten diesem Obelisken ohnedies nicht viel abgewinnen. Er war ihnen zu klein, zu unscheinbar. Schon bevor er stand, machten sie derbe Witze über ihn, besonders über den hohen Sockel, der nötig wurde, um ihn über die Treppenbalustrade hinaus zur Geltung zu bringen. Noch einmal sei Goethe zitiert, der anläßlich des römischen Karnevals schrieb:

»Das Publikum war nicht sehr zufrieden damit, teils weil der Platz eng ist, teils weil man dem kleinen Obelisk, um ihn in eine gewisse Höhe zu bringen, ein sehr hohes Piedestal unterbauen mußte. Es nahm daher einer den Anlaß, ein großes weißes Piedestal als Mütze zu tragen, auf welchem oben ein ganz kleiner rötlicher Obelisk befestigt war. An dem Piedestal standen große Buchstaben, deren Sinn vielleicht nur wenige errieten.«

Gleichwohl, die Idee mit dem Piedestal war so schlecht nicht. Sieht man sich den Obelisken heute an mit seinem heraldischen Bronzeschmuck und dem darüberstehenden Kreuz (in das der Papst wiederum die verschiedensten Reliquien einlegen ließ), so kommt man nicht umhin festzustellen, dieser Obelisk zeigt Wirkung. Gleichermaßen präsent wie unaufdringlich fügt er sich harmonisch ein in das Ensemble von Kirche und Treppe, ein Ensemble, das in millionenfacher Abbildung inzwischen geradezu ein Erkennungszeichen von Rom geworden ist. Ob sich die spottlustigen Römer in ihrem Urteil über den Obelisken hätten beeindrucken lassen, so sie bei der Errichtung im Jahre 1789 um die geradezu »weltweite« Wirkung gewußt hätten? Dies steht nicht zu erwarten. Bis heute sind sie diesem Winzling gram geblieben. Und daraus machen sie auch keinen Hehl. Im übrigen stehen sie auf dem Standpunkt:
In Rom ist alles berühmt. Und Besucher gibt es ohnedies viel zu viele. Rom den Römern!

Die alte antike Basis des Obelisken, die im Garten der Ludovisi zurückgeblieben war, hatte ihr eigenes Schicksal. Im Laufe der Zeit war sie in Vergessenheit geraten. Erst 1843, als man genau an der Stelle, an der sie unter der Erde verborgen lag, einen Baum pflanzen wollte, kam sie zur allgemeinen Überraschung wieder zum Vorschein. Weitere Verwendung aber fand sie erst 1926, als Mussolini sie auf dem Kapitol aufstellen ließ, nahe der Aracoeli. Der Diktator hatte sie zur »Ara dei caduti Fascisti« ausersehen, zum Altar der gefallenen Faschisten. Eine Inschrift erinnerte an die »Toten der Revolution des Jahres V«, der

neuen faschistischen Zeitrechnung.
Die Obelisken-Basis steht noch heute dort, allerdings ohne die von Mussolini verordnete Dekoration, heruntergekommen und unbeachtet.

72. Die alte Obelisken-Basis auf dem Kapitol, dekoriert zur »Ara dei caduti Fascisti«.

DER OBELISK AUF DEM MONTE CITORIO

»Demjenigen ‹Obelisken›, der auf dem Campus ‹Martius› steht, fügte der vergöttlichte Augustus eine wunderbare Verwendung hinzu, zur Erfassung der Schatten der Sonne und so der Größen der Tage und Nächte, indem er Stein hinbreitete (einen mit Steinplatten belegten Platz schuf) entsprechend der Größe des Obelisken, ... und dieser (Schatten) sollte allmählich über eingelegte Bronzelinien an den einzelnen Tagen (Tag für Tag) abnehmen und dann wieder zunehmen ...« *Plinius*

Die schmale Via di Campo Marzio, ein Straßenzug nahe des Palazzo del Parlamento, noch aus der Antike stammend, ist für die Wissenschaftler unserer Tage eine interessante Adresse. Im Keller des Hauses Nr. 48, das dem Schuster Giuseppe Brunelli gehört, wird seit 1979 nach dem Zifferblatt einer Uhr gesucht, etwa fünfundsiebzig mal hundertsechzig Meter groß. Inzwischen wurde man auch fündig. Die Archäologen stießen auf die Schnittpunkte zweier Monatslinien im Liniennetz einer Sonnenuhr, der Sonnenuhr des Augustus, wie man glaubte. Die dabei freigelegten griechischen Bronzebuchstaben stammten jedoch nicht vom Zifferblatt der Uhr, die hier gesucht wurde, sondern von einem anderen, einem zweiten Zifferblatt, das im Niveau etwa einen Meter sechzig über dem gesuchten lag und das folglich auch später zu datieren war. Das war eine Überraschung! Denn niemand hatte bisher etwas von einem zweiten Zifferblatt gewußt, selbst in der Literatur der Antike finden sich keine Hinweise darüber. Doch es besteht kein Zweifel: Die entdeckten Bronzebuchstaben sind dem späten 1. Jahrhundert zuzuschreiben, der Zeit des Domitian also und nicht der des Augustus.

Wieso aber ein zweites Zifferblatt? Von Plinius wissen wir, daß die Sonnenuhr des Augustus um 50 n. Chr. nicht mehr so ganz in Ordnung war, daß sie nicht mehr

73. Ausgrabungsplatz der »Domitianischen« Sonnen-Uhr. Die griechischen Buchstaben besagen: »Die Etesien (die Sommerwinde der Ägäis) hören auf.«

so richtig »ging«. Der Grund wird darin gesucht, daß sich der schattenwerfende Obelisk, der Gnomon, vielleicht aber auch die Steinplatten des Zifferblattes infolge der zahlreichen Erdbeben gesenkt hatten. Möglicherweise war dies für Domitian der Anlaß, ein neues Zifferblatt anlegen zu lassen.

Die Sonnenuhr des Augustus hat man bis heute, abgesehen von einigen Fundamentstücken, noch nicht wiedergefunden. Vermutlich wurde sie ausgeraubt. Die Bronze der Schriften und der Meridianlinien hatte wohl zu allen Zeiten ihre Liebhaber. Jedoch sind die Grabungen noch nicht abgeschlossen. Vielleicht ergeben sich noch Überraschungen.

Der Obelisk hatte seinen Standort in der Nähe des Mausoleums und des Friedensaltars, der Ara Pacis. Diese Zuordnung hatte ihren besonderen Sinn. Je nach Zeit und Sonnenstand wies der Schatten des Obelisken nämlich auf bestimmte, auf dem Zifferblatt markierte Lebensdaten des Kaisers hin, so zum Beispiel auf das Datum seiner Zeugung. An seinem Geburtstag, dem 23. September, zeigte er genau auf den Eingang der Ara Pacis, den Friedenswillen des Kaisers demonstrierend.

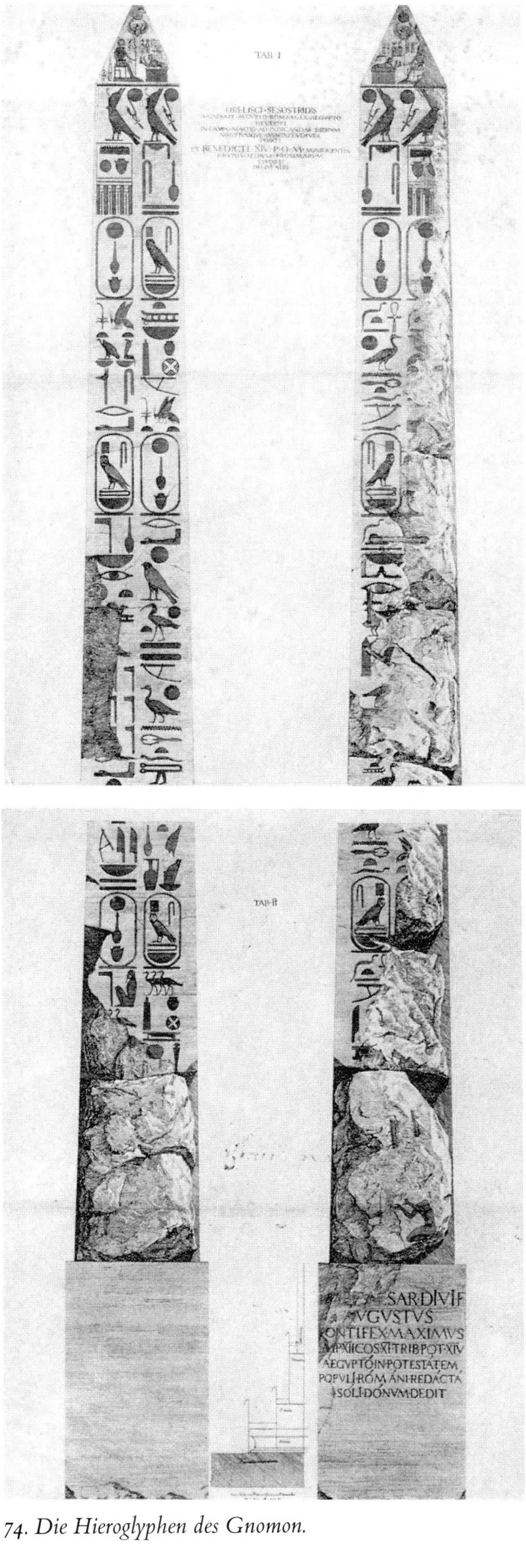

74. Die Hieroglyphen des Gnomon.

Der Gnomon, 10 v. Chr. unter Augustus nach Rom gekommen, ist der vierte in der römischen Größenordnung. Sein Maß: genau einundzwanzig Meter und neunundsiebzig Zentimeter – ohne die Basis und die Kugel auf der Spitze. Er stammt aus Heliopolis. Seine Hieroglyphen waren und sind immer noch ungewöhnlich schön. An die neunhundert Jahre stand er an seinem Platz. Karl der Große muß ihn noch aufrecht stehend gesehen haben, als er im Jahre 800 zur Kaiserkrönung nach Rom kam. Aus welchen Gründen er schließlich umstürzte, ist nicht bekannt. Vielleicht fiel er den plündernden Soldaten des Robert Guiscard zum Opfer. Dafür könnte der Zustand sprechen, in dem er später wieder aufgefunden wurde. Die Basis war zwar noch gut erhalten, der Obelisk jedoch zerbrochen und durch Feuereinwirkung und Bruchstellen, die auf das Hantieren mit schweren Eisenhebeln schließen lassen, stark demoliert.

Ob Karl der Große ihn seinerzeit mit nach Aachen nehmen wollte, ins »Athen des Nordens«, wie gelegentlich behauptet wird, dies ist nicht bewiesen. Ganz sicher aber haben sich die Franken für den Obelisken ungemein interessiert, denn überraschenderweise finden sich im Aachener Dom seine Maße wieder. Erst in jüngster Zeit wurde dieser erstaunliche Zusammenhang entdeckt: Der Obelisk paßt einschließlich seiner Basis und seiner Kugel auf der Spitze genau in das Oktogon des Domes, gemessen von der Bodenplatte bis zur Scheitelhöhe der Kuppel. Und noch etwas anderes erstaunt: Der Grundflächenwinkel des Pyramidion – der Spitze des Obelisken – stimmt mit dem höchsten

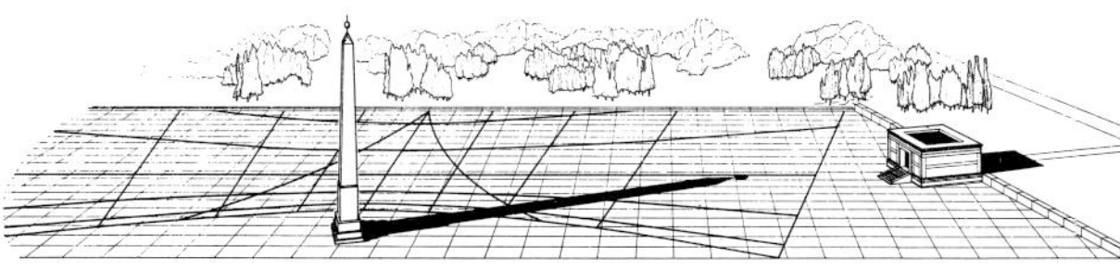

75. Solarium und Ara Pacis aus der Vogelperspektive.

Sonneneinfallswinkel im Aachener Dom völlig überein, mit 63 Grad. Der Aachener Dom, die Krönungskirche von 30 Königen und 12 Königinnen, ein Kalenderbauwerk, das Oktogon eine Sonnenuhr? Es wird sich im Laufe der Zeit zeigen, was wissenschaftlicher Untersuchung standhält. Doch sei daran erinnert, daß Kaiser Karl der Astronomie in besonderer Weise zugetan war. Sein Biograph Einhard schreibt: »Unter allem Wissensdrang, den Karl der Große an den Tag legte, galt seine Bewunderung und größte Liebe dem Lauf der Gestirne, der Astronomie.«

Als dieser große europäische Herrscher in Rom von Papst Leo III. zum römischen Kaiser gekrönt wurde, erhoben sich die stolzen römischen Honoratioren und begrüßten ihn (möglicherweise nicht ganz freiwillig) mit dem dreimaligen Zuruf:

76. Der wiedererstandene Obelisk im Jahre 1792.

»Karl dem Augustus, dem von Gott gekrönten, großen und friedebringenden Kaiser der Römer, Leben und Sieg!« Und Papst Leo III. kniete vor ihm nieder. Natürlich waren da handfeste politische Gründe im Spiel, aber zunächst einmal bedeutete die Krönung die Anerkennung des fränkischen Patricius Romanorum über Rom und den Kirchenstaat. Karl war im übrigen nicht nur der Krönung wegen nach Rom gekommen. Er hatte auch einen gewaltigen Krach zu schlichten, der zwischen dem Papst und den aufsässigen römischen Adeligen ausgebrochen war. Bei einer Prozession vom Lateran zur Statio in S. Lorenzo in Lucina, in der Nähe des Obelisken gelegen, hatte man den Papst festgenommen und eingesperrt. Doch Leo konnte entkommen und floh nach Paderborn zu Karl dem Großen. Wenig später fand in der Peterskirche die Verhandlung zwischen den streitenden Parteien statt. Karl, der den Vorsitz führte, verurteilte die Gegner Leos zum Tode. Der Papst jedoch begnadigte sie und schickte sie ins Exil. Solcherart wieder »heil an Seele und Leib«, schritt man zur Krönung.

Verfolgen wir das weitere Schicksal des umgestürzten Obelisken, so bleibt über lange Zeit nichts zu berichten. Erst um 1500 regt sich etwas. Ein Barbier war beim Bau einer Latrine, die er in seinem Garten anlegen wollte, auf Fragmente des

Obelisken gestoßen. Der amtierende Papst, es war Julius II., dem der Fund gemeldet wurde, zeigte sich an einer Ausgrabung jedoch nicht interessiert, er winkte ab. Der Barbier hatte seine Grube auf höchste Weisung wieder zuzuschütten. Und Finderlohn gab es auch nicht.

Einige Zeit später ist es wiederum Sixtus V., der »Obelisken-Papst«, der Pläne mit ihm hat. Er möchte ihn vor der Kirche S. Maria degli Angeli aufstellen. Dominico Fontana erhält den Auftrag, den Obelisken auszugraben. Doch der rät nach einiger Zeit mühseliger Arbeit ab. Zu aufwendig erscheint ihm das Vorhaben und damit auch zu kostspielig. Sixtus zögert zunächst, doch gibt er schließlich seinem Baumeister nach. Die Arbeiten werden eingestellt. Zuvor allerdings nutzte man noch die günstige Gelegenheit, um einige der schönen Hieroglyphen zu zeichnen (Nicolaus van Alst), die wohl auch auf Sixtus ihre Wirkung nicht verfehlt hatten.

Der nächste, der sich für den Obelisken interessiert, ist Papst Alexander VII. Er hat die Absicht, ihn vor dem Quirinalpalast aufzustellen, dorthin, wo gut hundert Jahre später Pius VI. den Augusteischen Mausoleum-Obelisken plazieren wird, flankiert von den Kolossalrössern des Phidias und Praxiteles.

Hilfreich zur Seite stand dem Papst der allgegenwärtige Athanasius Kircher, der als erstes einen Plan über die Lage des Obelisken anfertigt und der berechnet, wo die Basis und die Fragmente des Schaftes seiner Überlegung nach liegen mußten. Dies wurde nötig, weil man im Laufe der Zeit den Platz des Obelisken und seine Umgebung völlig mit Häusern zugebaut und dabei den genauen Standort des Obelisken aus den Augen verloren hatte. Als die Ausgrabungen jedoch anlaufen sollten, stirbt der Papst. Das Projekt wurde fallengelassen.

In der Zeit des kunstsinnigen und wissenschaftlich engagierten Benedictus XIV. wird ein neuer Versuch gemacht. Und nun gelingt es endlich: die Obeliskenfragmente kommen 1748 wieder ans Tageslicht. Dabei stellt sich heraus, daß die Berechnungen von Athanasius Kircher genau stimmten. Die Fragmente lagen präzise dort, wo Kircher sie auf seinem Plan eingezeichnet hatte.

77. Zabaglia, Bergung der Obeliskenfragmente im Jahre 1748.

Die Ausgrabungsstelle: Piazza del Parlamento, Haus Nr. 3. Eine Gedenktafel über der Tür erinnert an das Ereignis. Bemerkenswert, daß der Papst auf die »elegante« Beschriftung hinweist und daß es gilt, diese Schrift zu bewahren.

BENEDICTUS XIV. PONT · MAX ·
OBELISCUM HIEROGLYPHICIS
NOTIS ELEGANTER INSCULPTUM
ÆGYPTO IN POTESTATEM,
POPULI ROMANI REDACTA
AB IMP. CÆSARE AUGUSTO
ROMAM · ADVECTUM ET STRATO
LAPIDE REGULISQUE EX ÆRE
INCLUSIS AD DEPREHENDENDAS
SOLIS UMBRAS DIERUMQVE AC
NOCTIUM MAGNITUDINEM IN
CAMPO MARTIO ERECTUM ET SOLI
DICATUM TEMPORIS
ET BARBAROR · INJURIA
CONFRACTŨ JACENTEMQ.
TERRA AC ÆDIFICIIS OBRUTUM
MAGNA IMPENSA ATQVE ARTIFICIO
ERUIT PUBLICOQ · REI LITERARIÆ
BONO PROPINQVŨ IN LOCŨ
TRANSTULIT ET NE ANTIQUÆ SEDIS
OBELISCI MEMORIA VETUSTATE
EXOLESCERET MONUMENTUM PONI
JUSSIT
ANNO REP · SAL · MDCCXL VIII ·
PONTIF · IX ·

»Benedictus XIV. grub diesen Obelisken, der elegant mit ägyptischen Buchstaben beschriftet ist, mit großer Anstrengung aus.

Der Obelisk wurde durch den Imperator Caesar Augustus nach Rom gebracht, als Ägypten unter die Herrschaft der Römer kam. Er wurde der Sonne bestimmt und im Campus Martius aufgerichtet, um den Sonnenschatten und die Länge der Tage und

Nächte auf dem Steinboden mit den eingelegten Bronzelinien anzuzeigen. Zerbrochen (durch die »Schrecklichkeit der Zeit und der Barbaren«) lag er begraben unter Erde und Gebäuden. Benedictus transportierte ihn zu einem benachbarten Platz zum öffentlichen Wohl und, um die Schrift zu bewahren, ordnete er an, diese Erinnerungsplatte anzubringen, damit dieser alte Platz des Obelisken nicht vergessen gehen sollte.«

Wie nun ging es weiter mit ihm? Zunächst einmal gar nicht, die Fragmente blieben liegen – »zum öffentlichen Wohl«. Erst vierzig Jahre später, Papst Benedict war lange tot, und auch zwei seiner Nachfolger waren bereits gestorben, beginnt man wieder über ihn nachzudenken. Goethe hat die Fragmente noch gesehen, »zwischen Schutt und Kot«. Unter dem 3. September 1787 schreibt er in seiner »Italienischen Reise«:

»Ich bin wieder in die ägyptischen Sachen gekommen. Diese Tage war ich einigemal bei dem großen Obelisk, der noch zerbrochen zwischen Schutt und Kot in einem Hofe liegt. Es war der Obelisk des Sesostris, in Rom zu Ehren des Augusts aufgerichtet, und stand als Zeiger der großen Sonnenuhr, die auf dem Boden des Campus Martius gezeichnet war. Dieses älteste und herrlichste vieler Monumente liegt nun da zerbrochen, einige Seiten (wahrscheinlich durchs Feuer) verunstaltet. Und doch liegt es noch da, und die unzerstörten Seiten sind noch frisch, wie gestern gemacht und von der schönsten Arbeit (in ihrer Art). Ich lasse jetzt eine Sphinx der Spitze und die Gesichter von Sphinxen, Menschen, Vögeln abformen und in Gips gießen. Diese unschätzbaren Sachen muß man besitzen, besonders da man sagt, der Papst wolle ihn aufrichten lassen, da man denn die Hieroglyphen nicht mehr erreichen kann. So will ich es auch mit den besten hetrurischen Sachen tun usw. Nun modelliere ich nach diesen Bildungen in Ton, um mir alles recht eigen zu machen.«

Und noch einmal, an anderer Stelle, geht Goethe auf diesen Obelisken ein. Er schreibt:

»Die herrlichen ägyptischen Denkmale erinnerten uns an den mächtigen Obelisk, der auf dem Marsfelde, durch August errichtet, als Sonnenweiser diente, nunmehr aber in Stücken, umzäunt von einem Bretterverschlag, in einem schmutzigen Winkel auf den kühnen Architekten wartete, der ihn aufzuerstehen berufen möchte. (NB. Jetzt ist er auf dem Platz Monte Citorio wieder aufgerichtet und dient wie zur Römerzeit abermals als Sonnenweiser.) Er ist aus dem echtesten ägyptischen Granit gehauen, überall mit zierlichen naiven Figuren, obgleich in dem bekannten Stil, übersäet. Merkwürdig war es, als wir neben der sonst in die Luft gerichteten Spitze standen, auf den Zuschärfungen derselben Sphinx nach Sphinxen auf das zierlichste abgebildet zu sehen, früher keinem menschlichen Auge, sondern nur den Strahlen der Sonne erreichbar. Hier tritt der Fall ein, daß das Gottesdienstliche der Kunst nicht auf einen Effekt berechnet ist, den es auf den menschlichen Anblick machen soll. Wir machten Anstalt, diese heiligen Bilder abgießen zu lassen, um das bequem nah vor Augen zu sehen, was sonst gegen die Wolkenregion hinaufgerichtet war.«

Den Satz »Jetzt ist er auf dem Monte Citorio wieder aufgerichtet ...«, den hat Goethe bei einer späteren Bearbeitung seiner »Italienischen Reise« nachgetragen, wie man weiß. Denn zur fraglichen Zeit war man sich in Rom über den neuen Standort des Obelisken noch nicht so ganz im klaren. Da gab es zum Beispiel den Vorschlag, ihn in der Nähe der Piazza del Popolo aufzustellen. Wäre es dazu gekommen, so hätten die beiden Obelisken des Augustus wieder zusammengefunden. Dann war da noch die Piazza di Spagna im Gespräch, die Stelle, an der heute die Mariensäule steht, die an die Verkündigung des Dogmas von der unbefleckten Empfängnis erinnert, vor dem Palazzo di Propaganda Fide. In diesem Falle hätte sich eine reizvolle Obeliskensituation ergeben. Vom Eingang der Via Condotti aus wären gleich drei Obelisken zu sehen gewesen: Zur Linken der Obelisk auf der Piazza del Popolo, dann der Sallustius oberhalb der Spanischen Treppe und der Gnomon auf der Piazza di Spagna auf der rechten Seite. Es wäre dies eine ähnliche Situation gewesen, wie sie sich heute an der Kreuzung der Via del Quirinale und der Via delle Quattro Fontane darstellt. Von hier aus sieht man den Obelisken an der S. Maria Maggiore, den Quirinal-Obelisken und den Sallustius.

Es war der einflußreiche spanische Ambassador Nicolas d'Azara, der sich mit dem Gedanken, daß auf dem Spanischen Platz in Rom ein ägyptischer Obelisk stehen sollte, nicht so recht anfreunden konnte. Statt dessen schlug er dem Papst vor, es war Pius VI., den Obelisken doch lieber auf dem Monte Citorio aufzustellen, vor der Curia Innocenciana, dem Sitz der päpstlichen Tribunale. Diese Idee war nicht neu, sie war schon vor der Zeit des jetzt amtierenden Papstes diskutiert worden, wenn auch ohne Erfolg. Pius VI. gab nach einigem Hin und Her schließlich d'Azara nach und erklärte sich mit dem Monte Citorio einverstanden.

Der Auftrag für die Restaurierung und Errichtung des Obelisken ging an den päpstlichen Architekten Giovanni Antinori, der auch bereits die beiden anderen Obelisken des Pius VI. aufgerichtet hatte. Es wurde vertraglich vereinbart, daß die Arbeiten innerhalb von drei Jahren abzuschließen seien. Infolge technischer Schwierigkeiten wird sich diese Zeit jedoch um ein weiteres Jahr verlängern. Antinori erlebt den Abschluß der Arbeiten nicht mehr, kurz vor der Vollendung stirbt er.

Bei der Restaurierung kam Antinori ein glücklicher Zufall zu Hilfe. Auf dem Monte Citorio lagen seit 1705 die Trümmer der vom Feuer zerstörten Ehrensäule des Kaisers Antoninus Pius und seiner Frau Faustina. Die »nutzlos vor der Curia liegenden Überreste« bestanden aus bestem ägyptischen Rosengranit, dem gleichen Material also wie unser Obelisk. Es lag nahe, sich dieser Trümmer für die Restaurierung des Obelisken zu bedienen. Und so geschah es auch.

Die etwa fünfzehn Meter hohe Säule

78. Relief auf der Basis der Antoninus-Pius-Säule mit der Konsekration des Kaiserpaares.

79. Die Basis der Antoninus-Pius-Säule im Cortile della Pigna des Vatikans.

war in den Jahren 161 bis 168 n. Chr. dem vergöttlichten Kaiser Antoninus und seiner Frau Faustina zu Ehren auf dem Marsfeld aufgestellt worden. Nach einem bewegten Schicksal, dem des Obelisken nicht unähnlich, wurde sie Anfang des 18. Jahrhunderts auf den Monte Citorio geschafft, um vor der Curia aufgestellt zu werden. Doch ehe es dazu kam, fiel sie einem Brand zum Opfer. Dabei wurde sie so stark beschädigt, daß an eine Reparatur nicht mehr zu denken war. Doch ihre Basis blieb erhalten – ein besonderer Glücksfall: Auf ihr zeigt ein schönes und gut erhaltenes Relief die Konsekration des Kaiserpaares, das von einem geflügelten Jüngling in den Himmel getragen wird, flankiert von zwei Adlern, so wie einst der sagenhafte Romulus. Auf der rechten Seite sitzt Roma im Kriegsschmuck der Minerva und links, als Sinnbild des Marsfeldes, wiederum ein Jüngling, der mit seinem Arm den Gnomon-Obelisken umfaßt hält – es ist die einzige Darstellung dieses Obelisken, die aus der Antike bekannt ist.

Die Basis kam vom Monte Citorio in die Gärten des Vatikans, auch dies war Gegenstand des Vertrages zwischen Pius VI. und seinem Architekten Antinori. Überlegungen, sie als Basis für den Quirinal-Obelisken zu verwenden oder auch für den

80. Die Piazza des Monte Citorio mit dem Augustus-Obelisken.

Barberinus, den Obelisken, der unter Pius VII. auf dem Pincio aufgestellt wird, ließ man wieder fallen. Sicher hätte sie auch dem Gnomon gut angestanden, doch sah man dazu keinen Anlaß. Die Originalbasis des Gnomon erwies sich noch als durchaus brauchbar.

Am 14. Juli 1792 wurde der Obelisk, »erstanden im alten Glanz und der Stadt und dem Himmel wiedergegeben«, eingeweiht. Eingedenk seiner alten Bestimmung hatte man ihm eine mit Sternen und Äolen verzierte Kugel auf die Spitze gestellt, die, durchbrochen mit einem Spalt, das Sonnenlicht passieren ließ. Dieser historischen Reminiszenz wußte sich der Papst zu bedienen. Hatte er sich bei der Beschriftung des Quirinal-Obelisken noch über den großen Alexander gestellt und damit den Unmut der Römer herausgefordert, so berief er jetzt den Gnomon zum Zeugen seiner »glücklichen Zeiten«. Auf einer der Basis-Inschriften heißt es:

»Die Pyramide, die einstmals die flüchtigen Stunden anzeigte, dann durch Umfallen zerbrochen, verachtet im Boden lag

(und) nunmehr in alter Zierde wiederhergestellt ist, zählt mit stolzem Haupte die glücklichen Zeiten Pius VI.«. Und prompt brachte er mit den »glücklichen Zeiten« auch wieder die Römer gegen sich auf, die darüber nämlich eine durchaus andere Meinung hatten. Doch zu Ausschreitungen, wie anläßlich der Beschriftung des Quirinal-Obelisken, kam es diesmal nicht. Die Reaktion der Römer war subtiler, sie lachten über ihren Papst. Nun ist es sicher richtig, daß der Gnomon nicht allzuviel an »glücklichen Zeiten« des politisch glücklosen Papstes zu zählen hatte, dessen politisches wie persönliches Schicksal auf so tragische Weise durch Napoleon bestimmt war. Doch um die Obelisken in Rom, von denen Pius VI. allein drei Stück aufstellen ließ, hat er erhebliche Verdienste. Das sollte nicht vergessen sein.

Der Monte Citorio ist bis heute ein interessanter Platz geblieben, wenngleich sich natürlich einiges geändert hat. Zum Beispiel im Palazzo der Curia, dem ehemaligen päpstlichen Gerichtsgebäude. Hier zog 1871 das italienische Parlament ein. Von hier geht heute, im Blickfeld des alten

81. Obelisk und Parlamentsgebäude.

Augusteischen Obelisken, die sogenannte staatliche Gewalt aus.

Vorbei ist es mit der Ruhe und Beschaulichkeit – soweit es sie in Rom je gegeben hat, muß man allerdings hinzufügen, wurde doch schon zu Zeiten des Augustus über den starken und anhaltenden Lärm in der Stadt geklagt. Da sind die ankommenden und abfahrenden Polizeiwagen und Motorräder, scharf bremsend und nicht minder geräuschvoll startend, mit heulenden Sirenen versteht sich. Und auch hier wieder patrouillierende Wachsoldaten mit schußbereiten Maschinenpistolen, Kommandotöne, Trillerpfeifen, – wahrlich kein Klima, das feinsinnige Gemüter animieren könnte, auf den Spuren des Augustus zu wandeln.

Unmittelbar neben dem Obelisken hat sich eine stationäre Polizeiwache etabliert. Durch die abgedunkelten Fenster gehen die Blicke der Polizisten rund um den Platz, immer wieder, dabei den Obelisken aufmerksam mit einbeziehend. Der alte Gnomon aus Ägypten ist heute sicher das bestbewachte Monument Roms.

Unterhalb des Parlamentsgebäudes soll sich die Verbrennungsstätte des Marc Aurel befunden haben, das sogenannte Ustrium. Die Gedenksäule des Philosophenkaisers steht ganz in der Nähe auf der Piazza Colonna. Ähnlich der Trajansäule verherrlicht sie auf einem spiralförmigen Reliefband die Taten des Kaisers. Und ähnlich dem Beispiel der Trajansäule vereinnahmte der praktische Sixtus V. dieses ehemals »heidnische« Denkmal für seine Kirche: Statt des Marc Aurel stellte er den heiligen Paulus auf die Spitze. Der Trajansäule hatte er den heiligen Petrus verordnet.

Zwischen der Säule des Marc Aurel und dem Obelisken ein Kind aus jüngerer Zeit: »Il Tempo«, die große römische Tageszeitung, die sich hier niedergelassen hat. Am Abend sieht man durch die erleuchteten Fenster die Setzer und Drucker bei der Arbeit. Vor der Druckerei liegen dicke Papierrollen, auf die Nachrichten von morgen und übermorgen wartend, ihrem Umfang nach etwa so stark wie unser Obelisk. Es ist die unmittelbare Nachbarschaft von so einigen tausend Jahren, die nachdenklich stimmt.

Hier der hektische Zeitungsbetrieb, die lärmenden Rotationsmaschinen, die ihre »News« produzieren auf Tausenden und Abertausenden Zeitungsexemplaren, die anderentags bestenfalls noch als Einschlagpapier zu gebrauchen sind. Und dort der schweigsame und doch gleichwohl beredte Zeuge einer vergangenen Zeit, mit seinen in Stein geschlagenen Hieroglyphen, ehemals für die Ewigkeit bestimmt, im Land der Pharaonen der Sonne geweiht und in Rom durch »Kaiser Augustus, Sohn des vergöttlichten Caesar und Pontifex Maximus, zwölfmal Imperator, elfmal Konsul, vierzehnmal Volkstribun, nachdem Ägypten in die Gewalt des Römischen Volkes gebracht worden war, der Sonne zum Geschenk gemacht«. (Basis-Inschrift des Augustus.)

IMP CAESAR DIVI F
AVGVSTVS
PONTIFEX MAXIMVS
IMP XII COS XI TRIB POT XIV
AEGYPTO IN POTESTATEM
POPVLI ROMANI REDACTA
SOLI DONVM DEDIT

DER OBELISK DES PIUS VII. AUF DEM PINCIO 1822

»Ein Tempel dieses Gottes ist darin, der da heißt Osiris Antinous der Selige, gebaut aus gutem weißen Stein; Sphinxe sind um ihn her und Statuen, viele Säulen, wie sie vordem von den Vorfahren gemacht wurden und ebenso wie sie von den Griechen gemacht werden …

Alle Götter und Göttinnen geben ihm Lebensluft, und er atmet als Wiederverjüngter.«

Obelisken-Inschrift des Hadrian, Antinous gewidmet.

82. Der Obelisk auf dem Pincio, errichtet im Jahre 1822.

Gegen Abend sind die Auffahrtsstraßen zur oberen Terrasse des Pincio, deren eine den Garten des alten und berühmten Hotel de Russie schneidet, die belebtesten von Rom. Denn die Römer lieben es, den Sonnenuntergang von der obersten Brüstung aus zu beobachten. Sie sind dieses Schauspiels jedoch so gewohnt, daß sie den feierlichen Augenblick auf ihre Weise genießen. Denn sie lesen, während die Sonnenkugel versinkt, sie schreiben Briefe und sitzen mit dem Rücken gegen den Sonnenuntergang in ihren Automobilen oder auf der Mauer der Terrasse, mit einer Verachtung des Vorgangs, der, da jede andere Erklärung sinnlos wäre, nur eine besondere Art der Ergriffenheit sein kann.

Im Oktober, Roms entzückendstem Monat, ist die Kurve der Sonne so weit ausgeschwungen, daß der Ball gerade die Straße, die vom Vatikan herüberzieht, ausfüllt, und ein solcher Purpurnebel bedeckt dann eine Weile den Viale, daß alle Gegenstände darin versinken.

Dann brandet die Welle rot gegen die Piazza del Popolo, steigt an dem Obelisken des Ramses in die Höhe, erklimmt die Treppen mit der lanzentragenden Göttin, die Terrasse mit den Brunnen und den Helden und verfängt sich wollüstig in den silbergrauen Wipfeln der Pinien. Und dann wird alles voll Gold.

Solange das Gold den Himmel und die Erde erfüllt, herrscht ein atemloses Schweigen, die Natur erstarrt, und nur die Trunkenheit des Lichtes lebt eine Sekunde lang über dem Park und den lautlos sich bewegenden Palmen der Terrasse.«
Kasimir Edschmid

Der Platz, von dem in solch einzigartiger Weise der legendäre Sonnenuntergang Roms zu betrachten ist, die »obere Terrasse des Pincio«, ist der Piazzale Napoleone. Der Geist des Korsen, des Mannes, der Rom zur »zweiten Stadt seines Kaiserreiches« machte, hier ist er wieder, im Spukgebiet des schlimmen Nero und der treulosen und lasterhaften Messalina, die auf dem Pincio ermordet wurde. Napoleon hier und in solch illustrer Gesellschaft, dies hat seinen besonderen Grund. Der berühmte Piazzale trägt seinen Namen in Erinnerung daran, daß er, zur Freude der Römer, die weitläufigen Gärten der Villa Medici und Borghese in eine öffentliche Anlage umgestalten ließ, in einen Volkspark, den ersten in Rom seit der Antike.

1809 war Napoleon zum zweitenmal nach Rom gekommen und hatte dabei dem Kirchenstaat zum zweitenmal ein Ende gemacht. Der Papst, so erklärte Napoleon, habe sich lediglich »auf die Leitung der Seelen zu beschränken«. Pius VII. antwortete den »Räubern des Patrimonium Petri« mit der Veröffentlichung der Bannbulle an den Kirchentüren der Stadt. Darauf Napoleon: »Wenn der Papst im Widerspruch zum Geist des Evangeliums die Revolution predigt, so soll man ihn festnehmen.«

Und so wiederholte sich das, was einige Jahre zuvor Pius VI. widerfahren war, dem Vorgänger des jetzt amtierenden Papstes. Pius VII. wurde im Quirinalpalast verhaftet und nach Frankreich verbannt. Fünf Jahre später jedoch konnte er nach Rom zurückkehren, inzwischen hatte man nämlich in Frankreich Napoleon verbannt. Als dem Franzosenkaiser aber die Flucht von Elba glückte, mußte auch der Papst fliehen, die alte Rivalität lebte wieder auf. Doch waren jetzt Napoleons Tage gezählt, die politischen Verhältnisse beruhigten sich nach und nach, so daß der Papst bald zurückkehren konnte, diesmal endgültig. Er überlebte Napoleon um zwei Jahre.

1822, ein Jahr vor dem Tod Pius' VII., wurde in den Parkanlagen des Pincio mit den »für die Bürger geöffneten Spazierwegen« ein »Denkmal von außerordentlicher Art« aufgestellt – ein Obelisk. Kaiser Hadrian hatte ihn 1700 Jahre zuvor seinem geliebten Antinous geweiht und »weibisch« an ihm geweint, wie die Chronisten mißbilligend vermerken. Die Inschrift, die Papst Pius auf der Basis anbringen ließ, lautete:

»Pius VII., Pontifex Maximus, hat befohlen, den durch die Ungunst der Zeiten zerbrochenen und lange vergessenen Aurelianischen Obelisken, der allein übrig geblieben war, nach seiner früheren Gestalt wieder herzustellen und an diesem Platze aufzustellen, um die lieblichen und zum Sonnen für die Bürger geöffneten Spazierwege des Pincio mit einem Denkmal von außerordentlicher Art zu schmücken.«

Pius VII. hatte diesen Obelisken von Clemens XIV. übernommen, der ihn wiederum von den Barberinis erhalten hatte. Zu den Barberinis war er um 1630 geraten. Über die davorliegende Zeit weiß man nicht viel. Sein ursprünglicher Standort wird in Richtung Tivoli vermutet, der Villa Hadrians. Um 220 n. Chr. wurde er durch Sixtus Varius Marcellus oder dessen Sohn Elagabal in den Circus Varianus gebracht, auch Circus Aurelius genannt, der etwa in der Gegend lag, wo sich heute die S. Croce in Gerusalemme befindet. Zu welcher Zeit der Obelisk umstürzte und zerbrach, ist unbekannt.

»Im Jahre des Heils 1570«, so besagt eine Gedenkplatte, wird er durch die Gebrüder Curtius und Marcellus Saccoccius, die Grundstückseigentümer des ehemaligen Circus, ausgegraben. Sie »sorgten sich um den Obelisken«, heißt es. Ob darunter zu verstehen ist, daß sie ihn auch aufstellten, ist unklar. Die Meinungen der Archäologen hierzu sind geteilt. Auf den Stadtansichten der damaligen Zeit ist der Obelisk jedenfalls nicht eingezeichnet.

Gegen 1630 läßt Kardinal Franciscus

Barberini, der Neffe von Papst Urban VIII., den Obelisken zu seinem neuen Palazzo an der Quattro Fontane bringen. Der Kardinal, ein kunstsinniger Mann mit besonderem Interesse für ägyptische Bildwerke und Skulpturen, hatte die Absicht, ihn in seinem Garten aufzustellen. Entweder, so war geplant, sollte er dort auf einer Art Brücke stehen oder, gleich dem Obelisken vor S. Maria sopra Minerva, auf einem Elefanten. Es war denn auch Bernini, der die entsprechenden Entwürfe dazu lieferte. Doch war das Schicksal dem Obelisken nicht günstig gesonnen, die Aufstellung kam nicht zustande. Die Gründe dafür sind unbekannt. Dabei hatte der Kardinal dem Obelisken bereits eine Inschrift gegeben. Der Wortlaut:

»Dieser Obelisk aus der Via Labicana intervenata, gebrochen und gestürzt, wurde transportiert und aufgerichtet von Franciscus Kardinal Barberinus, Vizekanzler des Urban VIII., Pontifex Maximus Neffe.«

Fast hundertfünfzig Jahre später – so lange lag der Obelisk vor dem Palazzo Barberini – gerät er in den Giardino della Pigna des Vatikans, Principessa Cornelia Barberini hatte ihn Papst Clemens XIV. zum Geschenk gemacht. Doch auch hier kommt es nicht zu der beabsichtigten Aufstellung, wiederum bleibt er liegen. Erst unter Papst Pius VII. ist es soweit. Der allerdings läßt den Obelisken nicht im Giardino della Pigna aufstellen, sondern auf dem Pincio, in den durch Napoleon angelegten Gärten mit den »für die Bürger geöffneten Spazierwegen«.

Warum gerade hier? Wollte der Papst, etwa in Erinnerung an die Überwindung der napoleonischen Ära, ein Zeichen setzen, ein geheimes Siegeszeichen vielleicht, oder mochte er einfach nicht zurückstehen im Bemühen, den Pincio für die Römer zu verschönern? Fragen, die offenbleiben.

Der Barberini-Episode verdanken wir eine erste Übersetzung des Obelisken – durch Athanasius Kircher. Er schrieb den Hieroglyphentext ab, »übersetzte« ihn, so gut ihm das möglich war, und gab einen umfangreichen Kommentar dazu. Ähnlich wie im Fall des »Pamphilius« veröffentlichte er seine Arbeiten wiederum in einer aufwendigen Buchausgabe. In dem dreibändigen Werk mit dem Titel »Oedipus Aegyp-

83. Kopf des Hadrian.

ticus« geht er nicht nur auf den Obelisken ein, er beschäftigt sich hier auch mit der altägyptischen Weisheitslehre und mit theologisch-kosmologischen Systemen, die er mit philosophischen und naturwissenschaftlichen Überlegungen zu verbinden sucht.

Die Hieroglyphen des Obelisken, inzwischen stark verwittert, wurden gelegentlich als grob bezeichnet, geschrieben in einer »wilden Orthographie«. Wahrscheinlich sind sie in Rom entstanden, unter Anleitung der Priester des Iseums, obwohl der Obelisk nicht für das Iseum bestimmt war. Doch wird hinreichend deutlich, um was es geht. Es geht um die Macht und das Glück Kaiser Hadrians, und es geht um den Tod und die Vergöttlichung des von ihm geliebten Antinous. Die tragische Liebesromanze zwischen dem schönen, bithynischen Jüngling und dem alternden Kaiser gehört inzwischen zur klassischen Weltliteratur.

»Dieses schöne Windspiel«, so Marguerite Yourcenar in den »Erinnerungen des Kaisers Hadrian«, »das nach Zärtlichkeit und Zucht lechzte, legte sich quer über meinen Lebensweg …

Da sehe ich unter nachtschwarzem Gelock ein geneigtes Haupt. Augen, die hinter den langgeschnittenen Lidern aussehen, als stünden sie schräg, und ein junges, volles Gesicht …

Ich glaube, im Goldenen Zeitalter gelebt zu haben, wenn ich heute an diese Jahre zurückdenke. Alles war leicht geworden, eine göttliche Gemächlichkeit lohnte die Mühen von einst. Das Reisen war ein Spiel, ein wohlvorbereitetes, bedachtsam durchgeführtes Vergnügen. Die unablässige Arbeit empfand ich als Wohltat. Mein Leben, in dem alles so spät kam, die Macht und auch das Glück, sonnte sich nun im Glanz des hohen Tages, im vollen Licht der mittäglichen Ruhezeit, die jedes Ding vergoldet.«

Das späte Glück des Kaisers findet ein jähes Ende. Auf einer Inspektionsreise, die Hadrian nach Ägypten führt, ertrinkt Antinous im Nil, an der südlichen Grenze von Heptanomis. Ob es sich dabei um einen Unfall oder um einen freiwilligen Opfertod für den Kaiser gehandelt hat – Hadrian war ein unglückliches Schicksal geweissagt worden –, oder ob es sogar Mord war, das ist nie geklärt worden. Die Hintergründe, die zum Tod des Antinous führten, blieben im dunkeln. Hadrian soll mehr an einen Unfall geglaubt haben, der Historiker Cassius Dio dagegen schreibt: »... denn es bedurfte zu dem, was der Kaiser vorhatte, der freiwilligen Aufopferung eines anderen.«

Antinous, mit Ehren überhäuft, wurde vergöttlicht, das heißt, er wurde zum wiedererstandenen Gott, der als Osiris um den Schutz für die Herrschaft des Kaisers bittet. Ein Stern wurde nach ihm benannt,

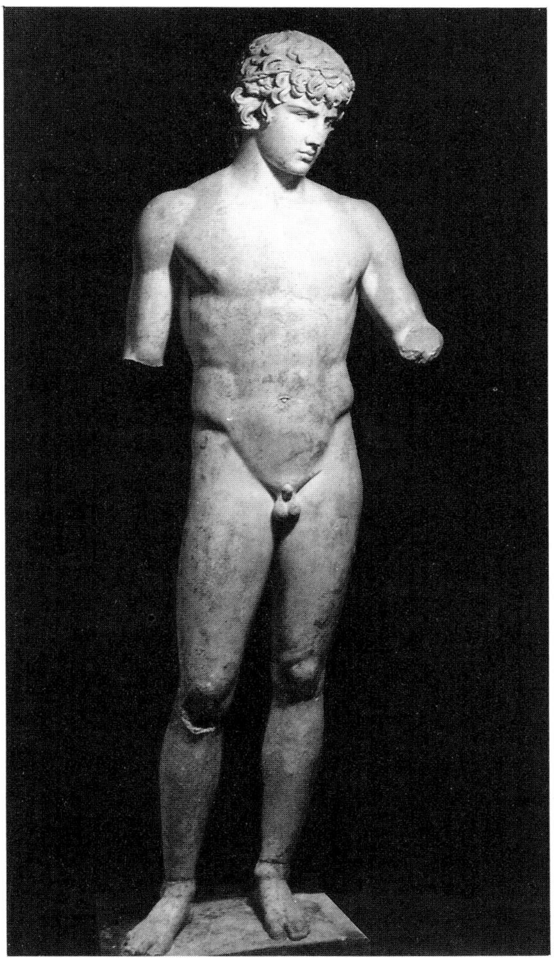

84. Antinous.

85. Der Pincio-Obelisk vor dem Palazzo Barberini, nach Athenasius Kircher.

und im ganzen römischen Imperium wurden Statuen und Bildsäulen von ihm aufgestellt. In Rom erhielt er ein Heiligtum, einen Totentempel, mit dem ägyptischen Obelisken des Hadrian, »dem Sohn der Sonne, dem König von Ägypten, geweiht dem Horus im Horizont«. Wo sich dieses Heiligtum genau befunden hat und ob es sich dabei gleichzeitig um das Grab des Antinous handelte oder lediglich um einen Kenotaph, ist nicht bekannt. Wahrscheinlich lag das Heiligtum im Bereich der Villa des Hadrian, hier, wo sich der Kaiser besonders gerne aufhielt, weit weg vom offiziellen Rom. Hier wäre ihm jedenfalls Antinous in besonderer Weise nahegeblieben.

An der Stelle, an der das Unglück geschah, entstand die Stadt Antinoe, das heutige Antinoupolis.

»Bei meiner Rückkehr suchte ich den Tempel auf, wo er geopfert hatte, und sprach die Priester. Ihr erneuertes Heiligtum sollte zur Wallfahrtstätte für ganz Ägypten werden, ihr reich beschenktes und vergrößertes Kollegium sich fortan dem Dienst meines Gottes weihen ...

Hellas und Asien sollten ihn auf unsere Art verehren, mit Spielen, Tänzen und Weihegaben zu Füßen einer weißen, nackten Statue. Ägypten aber, das seinen Todeskampf gesehen hatte, sollte auch an der Apotheose teilhaben, den düsteren, verschwiegensten und schwierigsten Teil: ihn auf ewig einbalsamieren. Jahrhunderte hindurch sollten die kahlgeschorenen Priester Litaneien hersagen, in denen der Name vorkam, der ihnen nichts war und mir alles. Jahr für Jahr sollte die geweihte Barke das Standbild stromauf und stromab fahren, und an jedem ersten Tage des Monats Athyr sollten die Klageprozessionen am Ufer entlanggehen, an dem ich gegangen war...

Phlegon hatte die Architekten und Werkmeister meines Gefolges am Flußufer versammelt, in einer Art von hellsichtigem Rausch schritt ich ihnen voran über die steinigen Hügel, erklärte ihnen meinen Plan, die Führung der fünfundzwanzig Stadien für die Außenmauer, bezeichnete im Sande die Stelle für Triumphbogen und Grabmal. Hier sollte Antinoe werden, aus dem unheilvollen Boden eine griechische Stadt erblühen lassen, ein Bollwerk, das die schweifenden Stämme von Erythrea in Schach hielt, und einen neuen Umschlageplatz auf der Straße nach Indien, das hieß schon den Tod besiegen.«

Von der alten Stadt, von den Tempeln, von dem Triumphbogen, blieb nichts erhalten. Als Mitte des vergangenen Jahrhunderts in der Nähe eine Zuckerfabrik gebaut wurde, trug man die letzten Steine der Ruinen weg.

86. Spitze des Pincio-Obelisken.

DER OBELISK DES CIRIACO MATTEI IM GARTEN DER VILLA CELIMONTANA 1587/1813

Ich bin nicht durch Alter, nicht durch Feuer, nicht durch Bürgerwut, nicht durch den Zusammenbruch des Römischen Weltreiches untergegangen, so wie auch niemals die Tugend untergehen wird.

Basis-Inschrift

Vernagelte Türen, blinde, zerbrochene Fensterscheiben, bröckelnder Verputz, windschiefverzogene Regenrinnen – an der Haustür ein Schild: Società Geographica Italiana. Was immer sich dahinter verbergen mag, dieses heruntergekommene Haus auf dem Caelius war einstmals eine der prächtigsten Villen Roms, die Villa Celimontana. Sie entstand im Jahre 1586. Giacomo della Porta, der »Capomaestro« von Sankt Peter, hat sie gebaut, ganz im Geiste der Antike. Bauherr war der römische Patrizier Ciriaco Mattei, ein passionierter Kunstsammler, der in dieser Villa seine umfangreiche und weit gerühmte Sammlung antiker Kunstwerke unterbrachte.

Vom Geist der Antike inspiriert war auch die einst so prächtige Gartenanlage der Villa, die zu ihrer Zeit sogar einen Circus aufwies, ein langgestrecktes Hippodrom. Ob hier allerdings auch Rennen stattgefunden haben, weiß man nicht so genau, gerüstet jedenfalls war die Anlage dafür. Inmitten des Circus stand ein Obelisk, ganz wie in den Zeiten der römischen Kaiser, der sogenannte Capitolinus. Der Bauherr hatte ihn seiner »besonderen Verdienste« wegen vom Senat und der Stadt Rom als Geschenk erhalten, und das im »höchsten Einvernehmen«. Der Obelisk steht noch heute in der Anlage der Villa, wenn auch nicht mehr an der gleichen Stelle wie einst. Man findet ihn ganz am Ende des Gartens auf der Südseite.

87. Die Villa Celimontana mit ihren Gärten, mit Hippodrom und Obelisk nach einem zeitgenössischen Stich.

Bevor er jedoch in den Garten des Ciriaco Mattei geriet, stand er auf dem Kapitol vor dem linken Seitenschiff der S. Maria in Aracoeli. Aus dieser Zeit hat er auch seinen Namen, Capitolinus. Bereits hier war er zweigeteilt, d.h., er bestand aus zwei Stücken. Nur der obere, zwei Meter achtundsechzig lange Teil ist ägyptischen Ursprungs, seine Hieroglyphen verweisen auf Ramses II. Der untere Teil, ein unbeschrifteter Granitblock von gut fünf Meter Höhe, ist römischer Herkunft. Er diente der »Erhöhung«. Das ägyptische Original gilt als verloren. In Beschreibungen aus dem sechzehnten und siebzehnten Jahrhundert ist zwar manchmal die Rede von Obeliskenfragmenten, die dem Capitolinus zugeordnet werden, gefunden bei San Macuta und zum Teil als Baumaterial verwendet, aber so ganz sicher ist sich die Forschung wohl nicht.

Über den Fundort wird immer noch spekuliert. Gelegentlich bringt man ihn mit dem Pantheon-Obelisken in Verbindung, man vermutet, daß beide in früher Zeit als ein Paar nebeneinanderstanden. Wenn das so wäre, könnte der Capitolinus aus dem Iseum stammen. Doch gesicherte Beweise für diese Theorie gibt es nicht. Auch daß beide Obelisken die gleichen Hieroglyphen aufweisen, wenn auch seitenverkehrt plaziert, halten die Archäologen in diesem Zusammenhang für nicht so bedeutsam, um so weniger, als beide Obelisken ja Ramses II. gewidmet sind.

Ähnlich dem Pantheon-Obelisken mußte auch der Capitolinus in früher Zeit für eine phantasiereiche Behauptung herhalten: Hatte man beim Pantheon-Obelisken behauptet, er sei das Grabmonument des Brutus, so hieß es vom Capitolinus, er stehe an der Begräbnisstätte des Augustus, er sei ein Denkmal des Friedenskaisers. Diese Idee mag sich daran entzündet haben, daß Augustus mit diesem Platz auf besondere Weise verbunden war. Hier wurde ihm, der Legende nach, die Geburt Christi geweissagt, hier entstand der sogenannte Himmelsaltar, die Aracoeli, nach der die Kirche ihren Namen erhielt.

Der »Obeliscus Capitolinus« wird erstmals urkundlich erwähnt im Jahre 1407, »aufrecht stehend auf dem Hügel des Capitol«. Wer ihn hier aufgestellt hat, ob es ein Papst war, und wenn ja, welcher, das ist unbekannt. Nun läßt sich die Frage nach

88. Piranesi, Piazza del Campidolgio (Kapitol).

dem Papst, der ihn aufgestellt haben könnte, auch gar nicht so leicht beantworten. In der fraglichen Zeit regierten innerhalb von gut zwanzig Jahren fünf Päpste, drei davon sogar gleichzeitig.

Auf dem Konzil zu Pisa hatte man Gregor XII. und Benedikt XIII., die sich heftig um die Würde des Pontifex Maximus stritten (was sie aber nicht davon abhielt, gleichzeitig zu regieren), für abgesetzt erklärt, nachdem sie als notorische Häretiker und Eidbrecher angeklagt worden waren. Doch die beiden Päpste traten nicht zurück, sie übten ihr Amt weiterhin aus. Inzwischen aber war bereits ein neuer gewählt worden, und so kam es, daß die katholische Christenheit nunmehr über drei Oberhäupter verfügte. Von der »verruchten Zweiheit« war man zur »verfluchten Dreiheit« gekommen.

Der Obelisk hatte seinen Standort auf dem Kapitolhügel etwa dort, wo sich heute der südliche Aufgang zur S. Maria in Aracoeli befindet, nahe der Balustradenlampe. Er ist zu seiner Zeit oft gezeichnet worden, häufig auch in Verbindung mit der Aracoeli und mit verschiedenen Stadtansichten. Geschätztes und immer wiederkehrendes Dekor dabei war eine Palme, die im Hintergrund stand und von der man glaubte, daß sie aus einem Samenkorn stamme, das aus dem Heiligen Land nach Rom gebracht worden war.

Geschmückt mit Bronzelaub und einer Kugel auf der Spitze, auf vier kräftigen Löwenköpfen ruhend, war der Capitolinus sicher eine besondere Attraktion der Stadt. Man muß sich vorstellen, daß er ja einer der ersten Obelisken war, wenn nicht der erste überhaupt, der in Rom ausgegraben wurde. Im Jahre 1374 hatte man den Pantheon-Obelisken wiederentdeckt. Möglicherweise liegt die Wiederentdeckung des Capitolinus noch davor.

Vielleicht war er schon Zeuge bei der Ermordung des Rienzi, den man um diese Zeit am Treppenaufgang zur S. Maria in Aracoeli erschlagen hatte, »unter dem Jubel der Römer«, wie ausdrücklich vermerkt wird. Sein etwas dürftiges Denkmal steht heute zwischen der Treppe zur S. Maria in Aracoeli, die mit ihren hundertzweiundzwanzig Stufen ein »Gelöbnis« aus der Zeit

89. Maarten van Heemskerck, Der Capitolinus vor S. Maria in Aracoeli auf dem Kapitol.

90. Piranesi, S. Maria in Aracoeli mit Kapitol.

der römischen Pestepidemie ist und die von Rienzi 1348 noch eingeweiht wurde, und der »Cordinata«, der großartigen Renaissance-Treppe des Michelangelo, die zum Kapitolplatz hinaufführt.

Cola di Rienzi, eine der schillerndsten Figuren der römischen Geschichte, strebte zu seiner Zeit eine politische Neuordnung Roms und Italiens an, nach altrömischem Vorbild. Für sich selbst hatte er dabei die Rolle des Kaisers vorgesehen. Pathos, Prunksucht, Scharlatanerie, dies sind die Attribute, die ihm die Geschichtsschreibung heute zuweist. Doch damals folgten ihm die Römer begeistert und feierten ihn als Befreier der Heiligen Römischen Republik. Aber schnell hatte er ihre Gunst auch wieder verloren. Als er, neben anderen unbequemen Vorschlägen, den Plan äußerte, durch höhere Steuern die maroden Zustände in Rom zu ändern, wendeten sie sich empört von ihm ab. Bei einem Volksaufstand, angezettelt vom römischen Adel, dem Erzfeind des Rienzi (Der alte Patrizier Stefan Colonna: »Diesen Narren werfe ich aus dem Kapitolfenster!«), fand er den Tod. Seinen Leichnam schleifte man über den Corso bis hin zu den Ruinen des Augustus-Mausoleums, wo er

auf einem Scheiterhaufen verbrannt wurde.

Im Jahre 1542 geht die Zeit des Obelisken vor der Aracoeli zu Ende. Papst Paul III. plant eine Umgestaltung des Kapitolplatzes. Bei dieser Gelegenheit soll der Capitolinus einen neuen Platz erhalten. Er wird demontiert und auf dem Friedhof der Aracoeli am östlichen Hügel des Kapitols abgelegt, für kurze Zeit, wie man glaubte. Doch die Umgestaltung des Kapitolplatzes zog sich hin. Chronischer Geldmangel brachte die Pläne immer wieder durcheinander. Die päpstlicherseits verordnete Pause für den Capitolinus wurde länger und länger. Als es endlich für ihn weitergeht, waren fünfundvierzig Jahre vergangen und die besten Plätze auf dem Kapitol besetzt. Sein neuer Standort wird die Villa Celimontana sein.

Dabei hätte ihm der Kapitolplatz wohl angestanden, die Piazza del Campidolgio, die zu allen Zeiten das Herz der Stadt war. »Stolzer Hügel, höchste Glorie von Menschenherzen, Ziel der Edlen, unter hundert Völkern und Nationen für den größten anerkannt zu werden und sich's zu fühlen. Stolzer kleiner Hügel. Wogegen die höchsten Gebirge des Erdbodens plattes Land sind.« *Wilhelm Heinse*

Vier Jahre vor der Demontage des Capitolinus, 1538, war das berühmte Reiterstandbild des Marc Aurel vom Lateran herübergekommen und inmitten der von Michelangelo entworfenen Piazza aufgestellt worden. Der »gütige Blick« des Philosophenkaisers, der »Weisheit und Gerechtigkeit« erkennen läßt, die bedeutungsvoll erhobene rechte Hand, das ist oft beschrieben worden. Weniger häufig hört man davon, daß unter dem rechten Vorderhuf des Pferdes ursprünglich die gefesselte Gestalt eines von Marc Aurel besiegten Königs gelegen habe. Es wird dies zwar immer wieder heftig bestritten, aber doch auch immer wieder behauptet.

»Stolzer Hügel, höchste Glorie von Menschenherzen, Ziel der Edlen ...« Von hier beobachteten die Auguren im alten Rom die Himmelszeichen und den Flug der Vögel. Hier stand die Burg der Römer, die »arx«, die dank des Geschnatters der heiligen Gänse vom Angriff der Gallier verschont blieb. Hier standen die Tempel des Jupiter und seiner Juno Moneta, die römische Münze. In der archaischen Zeit, vor dem Bau der Tempel, hatte der Hügel den Namen Tarpeius mons. Man führt diesen Namen auf die Römerin Tarpeia zurück, die der Sage nach den angreifenden Sabinern die Tore geöffnet haben soll und die dieses Verrats wegen sterben mußte. Der »Tarpeische Felsen«, oberhalb der heutigen Piazza della Consolazione gelegen, blieb lange Zeit die Hinrichtungsstätte für Hoch- und Landesverräter. Sie wurden von hier in die Tiefe gestürzt.

Heute tummelt sich an dieser Stelle eine besondere Spezies von Römern, die römischen Katzen, die sich hier ausgesprochen wohl zu fühlen scheinen. Einer letzten Zählung nach soll es in Rom sieben Millionen Katzen geben. Man nimmt an, daß sie zur Zeit unserer Obelisken in die Stadt gekommen sind, mit den Weizenschiffen aus Ägypten, wo sie als heilige Tiere verehrt wurden.

Ein Blick noch auf die Balustrade oberhalb der breiten Renaissance-Treppe. Bis zu ihr hinauf hatte sich ein interessantes Obeliskendetail verirrt, und zwar die Kugel des Vatikanischen Obelisken. Sie war nach langer Irrfahrt 1587 auf das Kapitol geraten, zunächst in die Arme des Marforio, einer Brunnenfigur, und später dann auf die Balustrade ans untere Ende auf der lin-

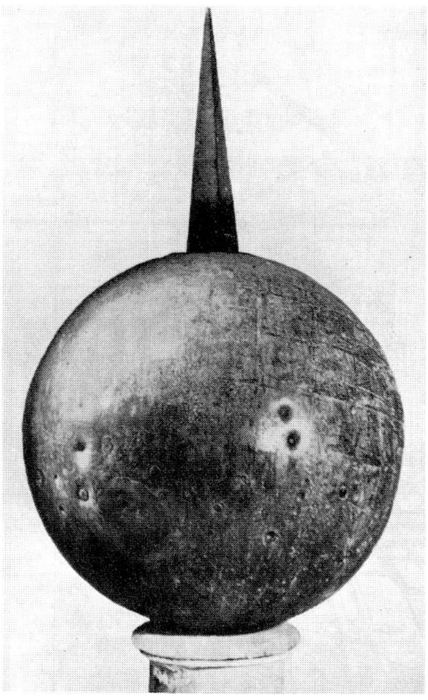

91. Die Kugel des Vatikanischen Obelisken (Museum des Konservatorenpalastes).

ken Seite. Auf der anderen Seite befand sich, als Gegengewicht sozusagen, der erste Meilenstein der Via Appia.

1848 wanderte die Obeliskenkugel weiter ins Museum des Palazzo dei Conservatori, wo sie auch heute noch aufbewahrt wird. Sie hat ihren Platz im Sale dei Bronzi am rechten Fenster. An die freigewordene Stelle auf der Balustrade kam ein weiterer Meilenstein der Via Appia zu stehen, der siebente. Beide Steine sind beschriftet im Gedenken an die Kaiser Vespasian und Nerva, die die entsprechenden Abschnitte der berühmten Straße restaurieren ließen.

Mit unserem Obelisken geht es im Jahre 1582 weiter, das heißt, so richtig weiter erst 1587, aber fünf Jahre zuvor macht er erstmalig wieder von sich reden, als er Ciriaco Mattei durch »Senat und Volk von Rom« geschenkt wird. Um diese Zeit baute Mattei seine Villa auf dem Caelius. Den Obelisken hatte er für das Hippodrom seines weitläufigen Parks bestimmt, als glanzvollen Mittelpunkt, und dort wird er auch im Jahre 1587 aufgestellt – im gleichen Jahr, in dem Papst Sixtus V. den Obelisken vom Mausoleum des Augustus bei der Maria Maggiore aufrichten läßt.

Alte Stiche zeigen den wiedererrichteten Capitolinus nunmehr auf vier Kugeln stehend, inmitten eines romantischen Dekors von antiken Vasen und Faungestalten.
Die Löwenköpfe, die ihn vor der Aracoeli getragen hatten, galten lange Zeit als verloren. Als sie schließlich wiedergefunden wurden, hatte man keine entsprechende Verwendung mehr für sie.

Doch noch einmal die Schenkung: Sie

hatte einen kleinen Schönheitsfehler. Die Spender, Senat und Volk von Rom, hatten zwar in der Widmungsinschrift der Hoffnung Ausdruck verliehen, daß »die Schönheit der Gärten« durch den Obelisken vergrößert werden möge, sie hatten aber auch verfügt, daß das Monument der Öffentlichkeit weiterhin zugänglich bleiben müsse. Das hieß, daß der Park der Villa Celimontana für Besucher geöffnet bleiben mußte.

Über mangelnden Zuspruch konnte sich der Capitolinus in der Folgezeit denn auch nicht beklagen. Man interessierte sich für ihn, er war im Gespräch, und er erhielt mancherlei Besuch. Einmal im Jahr war er Zielpunkt von Tausenden von Pilgern. Es waren Pilger, die nach dem alten Brauch der »Visita delle sette Chiese« die sieben Hauptkirchen Roms besuchten und die beim Capitolinus, der an ihrem Weg lag, eine Rast einlegten und die auch hier eine Mahlzeit erhielten. Ein Brauch, der sich bis ins achtzehnte Jahrhundert hielt.

Es ist nicht ohne Reiz sich vorzustellen, wie es zur Zeit des alten Rom auf dem Caelius zuging, etwa fünfzehnhundert Jahre zuvor. Dem Kunstsammler und Schöngeist Ciriaco Mattei dürfte es wohl kaum behagt haben. Aus den benachbarten Thermen des Caracalla muß ein Höllenlärm heraufgedrungen sein. Seneca hat das beschrieben. Er hatte das Vergnügen, in der Nähe des heute von »Wetter und Menschen abgenagten riesigen Gerippes« zu wohnen.

92. Entwurf für die Wiedererrichtung des Capitolinus mit romantischem Dekor.

»Ihr könnt Euch vorstellen, was für ein Schwatzen, Lärmen und Schreien in allen Tonarten heraufdringt; so daß man wünschen möchte, taub zu sein; ich vernehme das rhythmische Rufen jener, die sich mit den Hanteln betätigen; sie stoßen kurze Laute aus und keuchen angestrengt. Wenn sich jemand massieren läßt, hört man das Schlagen der Hände auf den Schultern, das einen verschiedenen Ton gibt, je nachdem, ob der Schlag mit der flachen Hand oder dem Handrücken gegeben wird. Wenn dann noch jemand kommt, der nicht mit dem Ball spielen kann, ohne zu schreien, dann ist es ganz aus. Es gibt dann auch noch die Streitsüchtigen, den Dieb, den man auf frischer Tat ertappt hat, den Schwätzer, der seine Freude daran hat, sich selbst zu hören; und dann die Taucher, die sich ins Schwimmbecken stürzen, daß das Wasser nach allen Seiten hoch aufspritzt. Diese betätigen sich wenigstens noch ihrer eigenen Stimme. Hingegen ist aber da der Haarentfernungskünstler, der alle Augenblicke seine Dienste mit einer häßlichen Fistelstimme anbietet und nicht eher schweigt, bis er jemanden gefunden hat, dem er die Haare entfernen kann; dann aber fängt der zu schreien an, den er unter den Händen hat. Ganz abgesehen aber von den Straßenhändlern, die Getränke, Würste und Pasteten anpreisen, oder den Kellnern der Kneipen, die herumziehen, um ihre Ware anzubieten, wobei sich ein jeder eines besonderen Tonfalles befleißigt.«

Im Jahre 1813 erhält die Villa Celimontana einen neuen Besitzer. Die Nachkommen des Ciriaco Mattei waren lange verstorben, die Anlage und auch unser Obelisk befanden sich um diese Zeit in keinem guten Zustand. Niemand hatte sich zuletzt mehr so recht um sie gekümmert. Der neue Besitzer hieß Don Manuel Godoy, Principe de la Paz, ehemaliger Premierminister des spanischen Königs Karl IV. und der »Favorit«, sprich Liebhaber, der Königin Maria Louisa de Parma. Godoy war mit dem königlichen Paar aufgrund politischer Wirren von Spanien nach Rom gekommen, Karl IV. hatte abdanken müssen, Joseph Bonaparte, ein Bruder Napoleons, war neuer König in Spanien geworden. Während die königlichen Flüchtlinge den Palazzo und die Villa Borghese bezogen, ließ sich Godoy in der Villa Celimontana nieder.

Godoy brachte die Anlage auf dem Caelius wieder in Ordnung. Er ließ die Villa restaurieren und den Garten neu gestalten. Dabei geriet auch der Capitolinus noch einmal in Bewegung. Godoy gab ihm einen neuen Platz, den Platz, den er noch heute einnimmt, am Ende des Gartens, im sogenannten »Musenhain«. Der Obelisk, nunmehr aufgestellt auf einem Steinkreuz, erhielt auf seiner Basis die Inschrift:

EMMANVEL GODOIVS
OBELISCVM HVNC
A
SPQR
CIRIACO MATHAEIO
VETERI HORTORVM DOMINO
HONORIS CAVSSA DATVM
INIVRIA TEMPORVM PENE
COLLABENTEM
LAXATIS ANTE AREIS
ET
SALVBRITATE AMOENITATEQVE
LOCI RESTITVTA
HVC TRANSTVLIT
SPLENDIDIORIQVE ORNAMENTO
ADDITO MVSIS PACIFERIS
ET
GENIO BONARVM ARTIVM
CVSTODI CONSERVATORI
DICAVIT

»Emmanuel Godoi hat diesen, vom Römischen Senat und Volk dem alten Herrn der Gärten, Ciriacus Mathäi, ehrenhalber geschenkten und durch Ungunst der Zeiten fast zusammenbrechenden Obelisken, nachdem vorher das Gelände geebnet und Annehmlichkeit sowie Lieblichkeit des Ortes wiederhergestellt worden waren, hierher gebracht, reichlicheren Schmuck hinzugefügt und den friedenbringenden Musen und dem Genius der schönen Künste als Wächter und Erhalter geweiht.«

Die Parkanlage mit dem Obelisken gehört heute den spielenden Kindern, den Rentnern, die hier in Muße ihre Zeitung lesen und den Liebespaaren, die diese vom brausenden Verkehrslärm abgelegene Oase für sich entdeckt haben. Eng umschlungen wandeln sie längs der verschwiegenen Seitenwege auf den Spuren der Maria Louisa und ihres Favoriten. Sonntags jedoch, da gehört der Park den Hochzeitspaaren, die geradezu in Scharen herbeiströmen. Der

93. Der Capitolinus im »Musenhain« der Villa Celimontana.

»Lieblichkeit des Ortes« entsprechend, bietet er nämlich die ideale Voraussetzung für die unumgänglichen Hochzeitsfotos. Die frisch getrauten Paare kommen aus der S. Maria della Navicella, der beliebten Hochzeitskirche, die gleich nebenan gelegen ist und in der sonntags getraut und getraut wird.

Mit Vorliebe stellen sich die jungen Paare für ihre Fotos vor dem Obelisken auf, dirigiert vom Fotografen, der um die Wirkung des steinernen Brautzeugen genau im Bilde ist, der bis auf den Zentimeter genau weiß, wo Gina und Giovanni zu stehen haben, wo die gelockten Bambini mit ihren Blütenkränzen, wo Papa und Mama, und wie der Brautschleier am besten zur Geltung kommt. Und unser Obelisk läßt es geschehen. Der alte Veteran und die junge, die ewige Liebe. Er, der die Welt und das Leben kennt, lange schon, er ist wahrhaft ein idealer Zeuge – er schweigt.

LITERATUR

Bernard Andreae, Römische Kunst
Herder Verlag, Freiburg 1973, S. 108

Werner Bergengruen, Römisches Erinnerungsbuch
Herder Verlag, Freiburg, Basel, Wien 1966, S. 84

Bernini in Vaticano
Ausstellungskatalog Vatikan-Museum
De Luca Editore, Rom 1981

Edmund Buchner, Die Sonnenuhr des Augustus
Verlag Philipp von Zabern, Mainz 1982

Wallis Budge, Cleopatra's Needles and other Egyptian Obeliscs
London 1926

Catalogo Sommario della Galleria Doria Pamphili in Roma
Palazzo Doria Pamphili, Roma 1981

Tano Citeroni/Xavier Schnieper, Rom. Ewige Stadt
Reich Verlag/terra magica, Luzern 1980, S. 124

Peter A. Clayton, Das wiederentdeckte alte Ägypten in Reiseberichten und Gemälden des 19. Jahrhunderts
Gustav Lübbe Verlag, Bergisch Gladbach 1983

Edmund Dondelinger, Der Obelisk. Ein Steinmal ägyptischer Weltanschauung
Akademische Druck- und Verlagsanstalt, Graz 1977

Kasimir Edschmid, Italien – Inseln/Römer und Cäsaren
Societäts-Verlag, Frankfurt am Main, S. 180f.

Peter Ehlebracht, Haltet die Pyramiden fest
Econ Verlag, Düsseldorf 1982

A. Ermann, Römische Obelisken. Hieroglyphenübersetzung des Antinous-Obelisken
In: Abhandlungen der Königlich Preussischen Akademie der Wissenschaften, Jahrgang 1917, Philosophisch-Historische Klasse Nr. 4
Verlag der Königlichen Akademie der Wissenschaften, Berlin, S. 179

Maurizio Fagiolo, Bernini
De Luca-Scala, Rom 1981, S. 106f.

Domenico Fontana, Della transportatione dell'Obelisco Vaticano
Rom 1590, S. 35–44

Johann Wolfgang Goethe, Italienische Reise I
Insel Verlag Frankfurt am Main 1976 (insel taschenbuch 175), S. 158, 147

Johann Wolfgang Goethe, Italienische Reise II
Insel Verlag Frankfurt am Main 1976 (insel taschenbuch 175), S. 170f.

Johann Wolfgang Goethe, Schriften
Insel Verlag Frankfurt am Main 1965 (Insel-Goethe), S. 148

Labib Habachi, Die unsterblichen Obelisken Ägyptens
Verlag Philipp von Zabern, Mainz 1982

Anton Heidacher, Geschichte der Päpste in Bildern
T. A. Karle Verlag, Heidelberg o. J.

Hans von Hülsen, Sternstunden der Archäologie. Römische Funde
Musterschmidt-Verlag, Göttingen, Berlin, Frankfurt am Main 1960

Illustrierte Zeitung Nr. 117, V. Band, Der Obelisk an der Porta del Popolo. Deutsches Museum München Arch. Nr. ZC 1576, S. 80

Erik Iversen, Obelisks in Exile. Volume I – The Obelisks of Rome
G. E. C. GAD Publishers, Kopenhagen 1968

Marie Luise Kaschnitz, Engelsbrücke. Römische Betrachtungen
Claassen Verlag, Düsseldorf 1955, S. 23f.

Helmut Kastl, Der Lateranische Obelisk in Rom. Schicksal eines antiken Baudenkmals
Heinz Moos Verlag, München 1964, S. 66–68

Hermann Kesten, Dichter im Café
Verlag Kurt Desch, Wien, München, Basel 1959, S. 156

Birgit Kraatz, Rom
DuMont Buchverlag, Köln ²1982, S. 199

Siegfried Morenz, Die Begegnung Europas mit Ägypten
Artemis Verlag, Zürich, Stuttgart 1969, S. 89

H. V. Morton, Die Brunnen von Rom
Societäts-Verlag Frankfurt am Main 1970, S. 111f.

Ernest Nash, Obelisk und Circus
Mitteilungen des Deutschen Archäologischen Instituts, Römische Abteilung, Band 64, 1957

Cesare d'Onofrio, Gli Obelischi di Roma
Bulzoni Editore, Rom 1965

Osiris – Kreuz – Halbmond. Katalog der Ausstellung in Stuttgart

Verlag Philipp von Zabern, Mainz 1984
Eckart Peterich, Italien II
Prestel Verlag, München [6]1980, S. 62
Roger Peyrefitte, Die Schlüssel von Sankt Peter
Stahlberg Verlag, Karlsruhe 1964, S. 125
Gerhard Prause, Genies ganz privat. Tratschkes aktuelle Weltgeschichten
Econ Verlag, Düsseldorf, Wien 1975, S. 76
Hella Robels, Sehnsucht nach Italien
Hirmer Verlag, München 1974
Rom in alten Stichen. 111 Kupferstiche. Römische Ansichten und Altertümer (um 1610)
Curt R. Vincentz Verlag, Hannover 1975
Herzog-August-Bibliothek, Wolfenbüttel
Rom in frühen Photographien 1846–1879
Übersetzt und bearbeitet von Gesine Asmus
Schirmer/Mosel, München
Thorvaldsens Museum, Kopenhagen 1978
Gerhard Rühlmann, Die Nadeln des Pharao. Ägyptische Obelisken und ihre Schicksale
VEB Verlag der Kunst, Dresden 1968
Herbert Alexander Stützer, Das antike Rom
DuMont Buchverlag, Köln 1979, S. 51, 78f.
Hermann Weisweiler, Das Geheimnis Karls des Großen. Astronomie in Stein: Der Aachener Dom
C. Bertelsmann Verlag, München 1981
John Wilton-Ely, Piranesi – Vision und Werk
Hirmer Verlag, München 1978
Marguerite Yourcenar, Ich zähmte die Wölfin. Die Erinnerungen Kaiser Hadrians
Deutsche Verlagsanstalt, Stuttgart 1977, S. 184ff.

Die Seitenangaben beziehen sich auf Quellen der Zitate in der vorliegenden Ausgabe.

BILDNACHWEIS

Agentur Laenderpress, Düsseldorf, Umschlagabbildung
Akademische Druck- und Verlagsanstalt, Graz, 4, 5
Atlantis Verlag, Herrsching, 68
Ernst Batta, Köln, 8, 63, 85
Bildarchiv Preußischer Kulturbesitz, Berlin, 47
Bokförlaget Forum, Stockholm, 3
Budge Wallis: Cleopatra's Needles and other Egyptian Obeliscs, London 1926, 27
Bulzoni Editore, Rom, 6, 14, 24, 28, 36, 40, 60, 61, 65, 66, 67, 72, 74, 76, 79, 80, 81, 82, 87, 92, 93
Peter A. Clayton, Hemel Hempstead, 13
Deutsches Archäologisches Institut, Rom, 19, 55, 78, 86
Domschatzkammer des Aachener Domes, Aachen 20
Galleria Doria Pamphili, Rom, 52, 53
Herzog-August-Bibliothek, Wolfenbüttel, 9, 12, 15, 16, 17, 18, 37, 41, 50, 59, 62, 71, 90
T. H. Karle Verlag, Freiburg 26
Kircher, Athanasius, Oedipus Aegypticus, Rom 1654, 32
Ralph Kleinhempel, Hamburg, 43
Nikos Kontos, Athen, 84
Marucchi: Gli obelischi Egiziani di Roma, Rom 1898, 30, 31
Jean Mazenod, Paris, 83
Heinz Moos Verlagsgesellschaft, Gräfelfing, 25
National Galleries of Scotland, Edinburgh, 7
Niedersächsische Landesgalerie, Hannover, 56
Office du Livre, Fribourg, 23, 35, 64, 69, 88
Perrot, Georges/Chipiez, Charles: Histoire de l'Art dans l'Antiquité, Bd. 1, Paris 1882, 4
Photographie Giraudon, Paris, 46
Schirmer/Mosel Verlag, München, 42
Sir John Soane's Museum, London, 39
Staatliche Graphische Sammlung, München, Titelbild innen, 51
Staatliche Museen zu Berlin, 33
Städelsches Kunstinstitut, Frankfurt am Main, 70
Thames & Hudson, London, 13, 45, 46
Vatikan, Rom, 11, 38, 57, Farbtafeln I–IX
VEB Verlag der Kunst, Dresden, 2
Vision Editrice, Rom, 10
Zabaglia, N: Castelli e Ponti, Rom 1824, 77
Philipp von Zabern, Mainz, 21, 22, 29, 34, 48, 49, 73, 75, 91